KB268150

학령기 자녀를 둔
결혼이민자를 위한 한국어

학령기 자녀를 둔

결혼이민자를 위한

한국어

박주영 · 정미진 · 조형일 지음

역락

머리말

　우리 사회는 이미 물리적인 국경, 경제적인 국경, 문화적인 국경의 의미가 퇴색된 '초국경적 사회'로 진입하고 있다. 이러한 사회 구조의 변화가 자연스러운 발전의 과정으로 이해되려면 인간에 대한 이해와 배려가 바탕이 되지 않으면 안 된다. 이와 같은 인식 위에서 다변화된 사회 구성원의 다양성에 대한 명확한 이해와 함께 적절한 사회적 장치가 담보될 수 있어야 한다.

　우리가 지금 겪고 있는 '초국경적 사회'로의 진입 양상은 우리 이전의 역사에는 기록되지 않은, 매우 새로운 변화로 보아야 한다. 따라서 어느 정도의 시행착오는 필요할 수밖에 없다. 다문화 사회의 중심에 있는 결혼이민자를 위한 사업도 그렇다. 이들을 위해 마련되고 있는 다양한 사회적 장치 역시 아직은 성글고 투박해 보인다.

　우리 사회는 이제야 겨우 결혼이민자에 대한 합리적이고 인본적인 이해를 하기 시작했다. 결혼이민자를 위한 다양한 교육 정책, 인화 정책, 사회화 정책 등이 이루어지는 동시에 사회 곳곳에서 이들의 특수한 상황에 대해서 거리낌 없이 이야기하게 되었다는 것은 매우 고무적인 일이다. 하지만 이제 이 정도의 수준으로는 만족하기 어렵다. 결혼이민자와 그의 가족, 자녀들이 완전한 가정을 이룰 수 있도록 조금 더 세밀한 수준에서 지원 내용을 검토해 볼 필요가 있다.

　우리 집필진은 이러한 측면에서 결혼이민자라는 한국어 학습자에 대해서 함께 연구해 왔다. 그리고 학령기 자녀를 둔 결혼이민자를 위한 교재가 절실히 필요하다는 데에 의견을 모았다. 그 결과물로 탄생한 이 책은 그간 한국어교육 현장에서 다양한 학습자와 함께 해 온 집필진의 교육 경험과 2회에 걸친 결혼이민자 대상 설문 조사의 결과, 전문가 집단의 의견 등이 종합적으로 응축된 교재라고 할 수 있다.

　우리가 만든 이 교재는 학령기 자녀를 둔 결혼이민자의 한국어 능력과 요구 사항을 고려하여 제작된 만큼, 어느 정도 일상적인 한국어 구사 능력이 있는 학습자를 대상으로 하고 있다. 초등 학령기 자녀의 입학부터 학교생활에 적응하는 단계에 이르기까지 학습자가 알아야 할 필수 어휘, 표현, 주제, 내용 등을 담아내는 동시에 학습자의 한국어 능력 향상을 위한 기능적 연습도 충분히 이루어지도록 구성해 두었다.

　우리의 바람과 예상을 뛰어넘는 학습 결과가 있기를 바라고 또 바라면서, 이 책의 출판을 흔쾌히 허락하고 학습 상황을 고려한 편집으로 멋지게 책을 제작해 준 도서출판 역락 관계자 여러분께 진심으로 짧게나마 감사의 말씀을 전한다.

2012년 1월
집필진 일동

교재의 특성 >>

(1) 결혼이민자가 학령기 자녀를 양육하는 데에 필요한 한국 사회문화 지식을 내용으로 선정하고, 실생활에서 자녀를 양육하면서 수행해야 할 기능을 선정하여 단원을 구성하였다.

학령기 자녀를 양육하는 데에 필요한 사회문화 지식 :
초등학교 입학 전 준비 학습 사항, 연간 학교 일정, 하루 동안의 학교생활 전반, 교과목 지식, 주말과 방학 계획, 학부모의 자녀 학습 지원, 학부모로서 아이를 담당하는 교사와의 의사소통, 아이의 진로 관련 정보

(2) 결혼이민자가 실제 생활에서 자녀 교육과 관련하여 수행할 필요가 있는 것을 학부모의 의사소통 기능(function)으로 선정하였다.

- ▶ 학교 홈페이지에서 아이의 학교생활과 관련한 정보 찾기
- ▶ 교과서의 목차 읽기
- ▶ 교과서 읽기
- ▶ 알림장 읽기
- ▶ 성적표 읽기
- ▶ 학교에 제출할 문서 읽고 쓰기
- ▶ 아이의 학교생활에 대해서 선생님과 상의하기
- ▶ 아이의 학교생활에 대해서 남편과 상의하기
- ▶ 아이의 학교생활에 대해서 주변의 엄마들과 상의하기
- ▶ 학교생활에 대해서 아이에게 질문하기
- ▶ 아이가 보고서 쓰는 것을 도와주기
- ▶ 아이가 발표 준비하는 것을 도와주기
- ▶ 아이의 주말, 방학 계획 세우기
- ▶ 아이의 감정과 생각에 공감하기
- ▶ 아이를 칭찬 또는 격려하기
- ▶ 아이의 잘못을 나무라기
- ▶ 엄마의 경험 말하기
- ▶ 엄마 나라의 문화 이야기하기
- ▶ 엄마 나라의 말 가르치기
- ▶ 남편 또는 아이에게 약속하기
- ▶ 남편 또는 아이에게 자신의 감정 표현하기
- ▶ 남편 또는 아이에게 부탁하기
- ▶ 남편 또는 아이에게 자신의 의견 말하기
- ▶ 아이의 진로에 대한 정보 찾기
- ▶ 아이의 숙제를 확인하고 도와주기
- ▶ 한국의 교육제도에 대한 정보 찾기
- ▶ 아이의 참고서나 책 고르기
- ▶ 계획이나 일정 확인하기

▶ 남편 또는 아이에게 제안하기
▶ 도서관, 박물관 등의 문화시설에 관한 안내사항 읽기
▶ 도서관, 박물관 등의 문화시설에 대한 정보 찾기

(3) 단원의 도입부에는 해당 단원에서 꼭 학습해야 할 목표를 제시하였다.
해당 단원의 주제와 관련하여 학습자가 이미 알고 있는 것을 확인하고 새롭게 알아야
할 것을 안내받을 수 있는 그림 자료를 제시하였다.

(4) 교재의 각 단원은 크게 읽기 영역과 말하기 영역으로 구성하였다.
읽기 영역은 자녀 양육에 필요한 사회문화 지식을 담은 읽기 지문을 단계적으로 배치
하였다.
말하기 영역은 읽기에서 학습한 사회문화 지식을 바탕으로 자녀 양육에 필요한 언어
기능을 연습할 수 있도록 구성하였다.
읽기를 학습하면서 지문 내용을 바탕으로 말하기와 쓰기를 연습할 수 있도록 하였다.
말하기 역시 듣기 기능을 보조적으로 연습할 수 있도록 지문을 먼저 배치하였다.

읽 기	말하기
1. 읽고 대답하기 2. 읽고 요약하기 3. 읽고 생각하기 4. 읽고 배워보기 ➡ 쓰기	보기를 통한 대화 지문 듣기 말하기 기능 연습하기

(5) 읽기는 지문과 관련한 내용 스키마를 형성할 수 있는 질문을 제시하였다.
읽기는 학습의 부담이 적은 것에서부터 많은 것으로 배열하였다.
지문에서 특정한 사실을 찾아내는 것에서 시작하여 전반적인 내용을 파악하고, 내용을
비판적으로 이해하는 것으로 확장하였다.
읽기 지문을 통해 자녀 양육과 관련한 쓰기 양식과 언어 표현을 학습하여 학습자가
스스로 쓰기를 수행할 수 있게 하였다.

(6) 말하기는 기본적으로 읽기 영역에서 학습한 사회문화 지식을 중심 내용으로 하였다.
말하기 지문은 자녀를 양육하는 과정에서 결혼이민자가 실제로 필요로 하는 언어 기
능을 중심으로 구성하였다.
대화 참여자는 결혼이민자와 아이, 남편, 학부모, 교사로 선정하였다.

교재에 등장하는 인물들

정음, 훈민이네

명랑이네

　훈민이와 명랑이는 유치원 때부터 친한 친구 사이로 초등학교에 진학해서도 같은 반이 됩니다. 아이들 때문에 훈민이 엄마와 명랑이 엄마도 친한 사이이고 훈민이 엄마가 이민자 선배로서 명랑이 엄마에게 도움을 많이 주는 편입니다.

차 례

과	제목	읽기	쓰기
1	입학 전에 무엇을 준비할까?	취학통지서를 읽고 필요한 정보 찾기 학교생활에 필요한 준비 사항 파악하기 책 읽기의 중요성을 생각해 보기	'학교생활 적응 진단표' 완성하기
2	우리 아이들은 학교생활을 어떻게 할까?	중요한 학교 행사 파악하기 친구 관계의 중요성을 생각해 보기 아이의 자립심을 키우는 방법을 생각해 보기	아이와 함께 일과표 만들기
3	우리 아이들은 학교에서 무엇을 배울까?	아이들이 학교에서 배우는 과목 파악하기 수행평가에 대해서 알아보기 아이의 학습과 관련한 부모의 태도 생각해 보기	아이와 함께 수업 발표 자료 만들기
4	초등학교 국어 교과서에는 무엇이 있을까?	국어 교과서의 단원별 학습목표와 내용 파악하기 이야기 요약하기 국어 과목을 공부하는 방법 생각해 보기	국어 과목의 중요 단어와 표현 익히기
5	초등학교 사회 교과서에는 무엇이 있을까?	사회 교과서의 단원별 학습목표와 내용 파악하기 사회 과목의 전반적인 내용 파악하기 사회 과목을 공부하는 방법 생각해 보기	사회 과목의 중요 단어와 표현 익히기
6	초등학교 수학·과학 교과서에는 무엇이 있을까?	수학·과학 교과서의 단원별 학습목표와 내용 파악하기 수학·과학 과목의 전반적인 내용 파악하기 수학·과학 과목을 공부하는 방법 생각해 보기	수학·과학 과목의 중요 단어와 표현 익히기
7	초등학교 예체능 교과서에는 무엇이 있을까?	예체능 교과서의 단원별 학습목표와 내용 파악하기 예체능 과목의 전반적인 내용 파악하기 예체능 과목을 공부하는 방법 생각해 보기	예체능 과목의 중요 단어와 표현 익히기
8	엄마는 우리 아이들을 어떻게 도울 수 있을까?	알림장을 읽고 필요한 정보 찾기 나이스(NEIS)를 이용하는 방법 알아보기 아이의 담임선생님과 상담하는 방법 생각해 보기	'결석계' 쓰기
9	엄마가 학교에 간다!	가정통신문 읽고 필요한 정보 찾기 어머니가 함께하는 학교행사 알아보기 학부모의 학교 참여에 대해 생각해 보기	문화수업 활동지 만들기
10	우리 아이들의 방학과 주말을 어떻게 보내면 좋을까?	도서관 이용 정보 확인하기 박물관 소개 글 읽기 봉사 활동의 의미를 생각해 보기	아이와 함께 보고서 쓰기
11	우리 아이는 세계 속의 한국인!	이중언어교육 정보 찾기 이중언어교육 방법 알아보기 이중언어교육의 필요성 생각해 보기	아이와 함께 일기 쓰기
12	우리 아이는 앞으로 어떻게 커 갈까?	성격의 유형 파악하기 진로 교육 방법 알아보기 아이의 미래 모습 생각해 보기	'의사 결정 단계' 완성하기

말하기	
기능	**문법**
자녀에 대한 기대 표현하기 다른 학부모에게 입학과 관련한 정보 물어보기 아이에 대한 걱정 표현하기	• -었으면 좋겠어(요) • -던데 • -을지 모르다
아이에게 공감해 주기 학창 시절 이야기하기 자녀 양육의 경험 나누기	• -나 보다 / -은가 보다 • 어찌나 / 얼마나 / 어떻게나 -던지 • -는다고 -는데도
학습에 대한 정보 전달하기 아이의 성격과 행동에 대해서 이야기하기 아이 교육에 대한 의견 말하기	• -는 데(에) 도움을 받다 / 도움이 되다 • -은 / 는 편이다 • -으냐 / 느냐에 따라(서) 다르다
아이의 생각과 느낌을 이끌어 내기 상상해서 표현하기 아이에게 해야 할 일을 지시하기	• -는 대로 • -는다면 / 이라면 • -어야지(요)
어떤 일에 대한 목적을 표현하기 역사적인 인물에 대해 말하기 아이가 했던 말을 확인하기	• -기 위해(서) • -었던 • -는다면서(요)? / 이라면서(요)?
결과 말하기 수업 시간에 배운 것을 물어보기 아이를 격려하기	• -었더니 • -은 / 는 / 을지 • -더라도
아이에게 부탁의 이유 말하기 아이의 상황을 추측해서 표현하기 다른 행동을 하도록 지시하기	• -게 • -은 / 는 / 을 모양이다 • -을 게(것이) 아니라
아이에 대한 걱정을 듣고 위로하기 아이의 특성 표현하기 교육 방법 추천하기	• 그렇다고 -은 / 는 것은 아니다 • -을 정도 • -더라고(요)
문화 비교하기 학교 행사 정보 확인하기 가족들을 격려하기	• -은 / 는 데(에) 비해(서) • -은 / 는 건가(요)? • -을 거라고 생각하다 / 믿다
약속 내용 확인하기 상대방의 느낌이나 생각에 공감하는 표현하기 수업 시간에 발표하기	• -잖아(요) • -겠구나 • -는다고 / 다고 느끼다 / 생각하다
자녀 양육에 관한 의견 차이 조정하기 다른 나라 말의 의미를 묻기 엄마가 어렸을 때 일을 아이에게 말하기	• -기는 하다 • -라는 뜻 / 의미 / 말 • -곤 했다
아이의 적성 파악하기 아이의 진로에 대한 엄마의 희망 말하기 아이와 진로에 대해 이야기하기	• -는 데(에) 자신이 있다 / 없다 • -든지 • -는 대신에, (명사) 대신에

입학 전에 무엇을 준비할까?

▶ 이 단원의 학습 목표

1. 입학을 위한 절차를 이해할 수 있다.
2. 자녀의 입학에 필요한 사항을 알고 준비할 수 있다.

▶ 이 단원의 학습 내용

우리 아이가 학교에 가기 위한 입학 절차를 알고 있습니까? 학교에 처음 가는 자녀들을 위해서 어떤 준비를 해야 할까요?

■ 자녀의 초등학교 입학을 알려주는 것을 '취학통지서'라고 합니다. '취학통지서'에 어떤 내용이 있는지 알아봅시다.

입학을 축하드립니다.

1) 특별한 이유 없이 기일 내에 취학하지 않을 때에는 초중등교육법 제68조에 의하여 보호자는 처벌을 받게 됩니다.

2) 학령 아동이 불구, 폐질, 병약, 발육불안정 또는 기타 부득이한 사유로 인하여 취학이 불가능할 경우에는 유예 또는 면제 신청을 할 수 있습니다.

3) 예비소집일에는 반드시 본 취학통지서를 지정한 학교에 제시하여야만 입학수속이 됩니다.

＊필요서류 : 취학통지서
　　　　　　2차 홍역예방접종 확인서

취학통지서

발행번호 :

주소	
보 호 자 성명	
취학아동 성명	
주민등록번호	
취 학 학 교	00 초등학교
예비소집일시	
입 학 일 시	
등 록 기 간	

위 아동은 초중등교육법 제13조에 의하여 위의 학교에 배정되었사오니 소집일시에 등교 취학시키기 바랍니다.

201X년 12월 　일

00동장

　한국에서는 만 6세가 되면 자녀를 초등학교에 입학시켜야 한다. 입학기준일은 1월 1일로 취학 대상 아동은 1월에 취학통지서를 받고 3월에 초등학교에 입학하게 된다. 그렇지만 부모가 원하는 경우에는 만 5세와 만 7세 아동도 입학이 가능하다.

(1) **자녀는 만 몇 세가 되면 입학통지서를 받게 됩니까?**

① 만 4세
② 만 5세
③ 만 6세
④ 만 7세

(2) **입학을 하기 전에 학교에 가는 날을 무엇이라고 합니까?**

① 등록일
② 입학일
③ 입학기준일
④ 예비소집일

(3) **입학 수속을 하기 위해서 꼭 필요한 것은 무엇입니까? (2가지)**

① 동장 확인서
② 취학통지서
③ 수업료 영수증
④ 홍역예방접종 확인서

▶ 읽고 요약하기

■ 처음 학교에 가는 자녀에게 필요한 것은 무엇일까요?

> 자녀를 학교에 보내는 부모는 늘 기대 반, 걱정 반의 마음을 갖게 된다. 특히 첫아이를 학교에 보내는 경우는 더욱 그렇다. 이러한 걱정을 해결하기 위해서는 아이의 학교생활을 이해하고 아이가 잘 적응할 수 있도록 준비를 하면 된다.
>
> 학교에 입학하게 되는 아이는 앞으로 모든 일을 스스로 해야 한다. 따라서 자신의 물건을 스스로 관리할 수 있도록 교과서와 학습장의 바른 사용법, 학용품 취급법 등을 알려 주어야 한다.
>
> 기본적인 색깔의 이름(빨강, 노랑, 주황, 녹색, 파랑, 보라, 자주, 흰색, 검정, 회색), 1에서 9까지의 숫자 개념과 쓰는 방법, 한글 자음과 모음, 교과서에 자주 등장하는 동물(토끼, 병아리, 나비, 참새)의 형태와 특징도 잘 알고 있어야 한다.
>
> 간혹 입학하는 아이들 중에는 글씨를 느리게 쓰거나 알아보기 어렵게 쓰는 경우가 있다. 글씨를 똑바로 쓰는 것은 학습에 큰 도움이 된다. 그러므로 크레파스로 가로줄, 세로줄, 사선, 곡선 그리기 등을 연습하게 하고 올바르게 연필을 쥐는 법도 알려 주는 것이 좋다.

(1) 각 단락의 중심 생각을 담고 있는 부분을 찾아서 밑줄을 그어 보세요.

(2) 빈칸을 채워서 요약 글을 완성하세요.

> ① 학교에 입학하는 자녀가 스스로 물건을 관리할 수 있도록 교과서와 학습장의 바른 사용법, ＿＿＿＿＿＿＿＿＿ 등을 알려 주어야 한다.
> ② 기본적인 색깔의 이름, ＿＿＿＿＿＿＿＿＿＿＿＿＿, 한글의 자음과 모음, ＿＿＿＿＿＿＿＿＿ 도 알아야 한다.
> ③ 크레파스로 선 그리기 연습을 하게 하고 ＿＿＿＿＿＿＿ 도 알려 준다.

■ 우리 아이는 책을 좋아합니까? 책 읽기는 어떻게 해야 할까요?

책 읽기 능력은 말하기, 듣기, 쓰기와 긴밀하게 연관이 되어 있기 때문에 매우 중요합니다. 아이가 어렸을 때부터 다양한 분야의 책을 많이 읽도록 해야 합니다.

아이가 책을 읽기 위해서는 먼저 주변 환경이 조용하고 차분해야 합니다. TV를 끄고 아이와 함께 책을 읽는 것이 가장 좋습니다. 아이가 책을 읽는 동안에 아이에게 말을 시키거나 심부름을 시키는 것은 좋지 않습니다.

책을 읽는 것에 계속적인 관심을 갖도록 하기 위해서 방학이나 휴일에 아이들과 함께 서점에 같이 가는 것도 좋은 방법입니다. 책에 대해 이야기를 주고받으며 아이의 생각과 느낌을 표현할 수 있는 기회를 주십시오. 그리고 독서를 한 후에는 꼭 칭찬을 해 주십시오. 칭찬을 받을수록 아이는 책 읽기를 더 좋아하게 됩니다.

(1) 우리 아이가 책을 많이 읽도록 하는 방법은 무엇이 있을까요?

(2) 여러분은 자녀의 독서 지도를 어떻게 하고 있습니까?

입학 전에 무엇을 준비할까?

읽고 배워 보기

■ 우리 아이는 어떤 일을 할 수 있습니까? 아이가 학교에 가기 전에 반드시 확인해야 하는 것에는 어떤 것이 있을까요?

번호	진단 내용	평가
1	혼자 화장실을 사용할 수 있다.	
2	누가 시키지 않아도 코를 깨끗이 닦을 수 있다.	
3	스스로 옷을 입고 벗으며 신발을 신고 벗을 수 있다.	
4	누가 도와주거나 강요하지 않아도 식사를 잘한다.	
5	편식이나 투정 없이 음식을 잘 먹는다.	
6	크레파스로 그림을 그릴 때 정해진 선 밖으로 나가지 않게 그릴 수 있다.	
7	여러 가지 모양을 가위나 칼을 이용하여 오릴 수 있다.	
8	색종이를 풀칠하여 도화지에 붙일 수 있다.	
9	큰 공을 던지고 잡고 튀길 수 있다.	
10	줄넘기를 할 수 있다.	
11	다른 어린이들과 함께 어울려 놀고 싶어 한다.	
12	자발적으로 남을 위해 무슨 일을 하려고 한다.	
13	싫증을 자주 내지 않는다.	
14	흥미가 없을지라도 한 가지 일에 집중하려고 노력한다.	
15	부모가 들려준 이야기에 대해서 말하기를 좋아한다.	
16	동화책에 있는 이야기에 대해서 질문을 한다.	
17	다른 사람의 의사 결정에 의존하기보다는 스스로 결정하려고 한다.	
18	제 힘으로 책 속의 그림을 공부하고 그 의미를 말할 수 있다.	
19	단어의 의미, 글자의 형태, 책 읽는 방법에 대한 질문을 하는 등 독서에 관심을 보인다.	
20	만나는 사람에게 먼저 바르게 인사한다.	
21	차례를 잘 지킨다.	
22	정리, 청소 등 자기 일은 스스로 한다.	
23	교통안전 규칙을 잘 지킨다.	
24	공공장소에서 시끄럽게 떠들거나 장난치지 않는다.	
25	다른 사람에게 책임을 떠넘기지 않는다.	

○ 잘함　△ 보통　X 못함

(1) 모르는 말에 표시를 하고 뜻을 알아봅시다.

(2) '잘함', '보통', '못함'으로 분류해 봅시다. 우리 아이에게 부족한 점은 무엇입니까?

▶ 쓰기

■ 앞의 내용 외에 더 필요하다고 생각되는 것을 써 봅시다.

번호	진단 내용	평가
26		
27		
28		
29		
30		
31		
32		
33		
34		
35		
36		
37		
38		
39		
40		

○ 잘함   △ 보통   X 못함

말하기 1

■ 다음 대화를 듣고 이야기해 봅시다.

자녀에 대한 기대 표현하기

명랑: 엄마, 이게 뭐예요?

엄마: 이건 '취학통지서'라는 거야. 우리 명랑이가 초등학교에 가야 한다고 알려 주는 거야.

명랑: 나도 볼래. 보여 주세요. 이명랑, 와, 내 이름이다.

엄마: 명랑이도 이제 학교에 다녀야 하는데 기분이 어때?

명랑: 학교에 가면 새로운 친구도 있고 선생님도 있어요. 그래서 재미있을 것 같아요.

엄마: 새로운 친구들을 만나게 돼서 명랑이가 기분이 좋구나. 엄마는 명랑이가 학교에서 선생님 말씀을 잘 들었으면 좋겠어. 잘할 수 있지?

정음: 네, 잘할 수 있어요.

엄마: 엄마는 명랑이가 친구들이랑 사이좋게 지냈으면 좋겠어. 명랑이는 유치원에서도 친구들이랑 잘 지냈으니까 학교에서도 잘할 수 있을 거야.

명랑: 네. 그런데 유치원 친구들은 이제 못 만나는 거예요?

엄마: 학교에서 또 만나게 될 거야. 훈민이도 명랑이랑 같은 학교에 다닐 거야.

–었으면 좋겠어(요)
▶ 자신이 원하는 일을 말할 때 사용한다.

- 아이들이 공부를 잘했으면 좋겠어요.
- 내일 아이들이 소풍을 가는데 날씨가 좋았으면 좋겠어요.

우리 아이가 앞으로 어떻게 자라면 좋을지, 어떤 사람이 되면 좋을지 다음처럼 이야기해 봅시다.

▶ 말하기 2

■ 다음 대화를 듣고 이야기해 봅시다.

다른 학부모에게 입학과 관련한 정보 물어보기

명랑 엄마: 훈민이도 올해 학교에 가요?

훈민 엄마: 네, 얼마 전에 취학통지서가 나왔어요.

명랑 엄마: 우리 명랑이도 취학통지서를 받았어요. 배정된 학교가 집근처에 있어서 다행이에요. 훈민이도 당연히 OO초등학교지요? 취학통지서를 읽어 보니까 예비소집일이 있던데 이게 무슨 뜻이에요?

훈민 엄마: 예비소집일은 학교에 입학하기 전에 미리 학교에 가야 하는 날이에요. 학부모들은 아이가 다닐 학교를 확인하고, 학교에서는 배정된 학생들을 파악하는 날이에요.

명랑 엄마: 제가 처음으로 아이 학교에 가는 날이 되겠네요.

훈민 엄마: 아, 명랑이 엄마는 명랑이가 첫 아이라서 학교에 가 본 적이 없군요.

명랑 엄마: 훈민이 엄마는 정음이를 입학시킨 경험이 있으니까 잘 아시지요? 저는 걱정이 되기도 하고 떨리기도 하네요.

훈민 엄마: 제가 많이 알려드릴게요. 입학식날 같이 학교에 갈까요?

명랑 엄마: 네, 좋아요. 훈민이 엄마가 도와주신다고 하니까 안심이 되네요. 고마워요.

-던데

▶ 어떤 것을 물어볼 때 묻고 싶은 것과 관련된 배경을 제시하려고 사용한다.

• 어제 어디에 바쁘게 가는 것 같던데 어디 다녀왔어요?

• 일기예보를 보니까 태풍이 온다고 하던데 여행은 다음에 가는 게 어때요?

함께 이야기해 봅시다.

여러분이 알고 있는 교육 정보에는 어떤 것이 있습니까? 다음처럼
이야기해 보세요.

한국에서는 아이들을 학원에 많이 보낸다고 하던데 저는 어떻게 하면 좋을까요?

한국에서는 아이들이 어렸을 때부터 영어를 가르친다고 하던데 우리 아이는 어떻게 하면 좋을까요?

다른 엄마들을 만나 보니까 아이들에게 책을 많이 읽히던데 책을 좀 살까 봐요.

 **말하기 3**

■ 다음 대화를 듣고 이야기해 봅시다.

아이에 대한 걱정 표현하기

정음 엄마: 명랑 엄마, 명랑이가 올해 학교에 가지요?

명랑 엄마: 네, 명랑이가 잘할 수 있을지 모르겠어요.

정음 엄마: 명랑이는 야무지니까 잘할 거예요.

명랑 엄마: 야무지기는요. 정음이가 입학할 때는 어떻게 준비하셨어요?

정음 엄마: 특별하게 준비한 건 없는 것 같아요. 정음이 혼자서 동화책을 읽을 수 있었고 간단한 더하기 빼기와 같은 셈을 할 수 있었어요.

명랑 엄마: 아이에게 일기 쓰기가 중요하다고 하던데, 명랑이한테는 일기 쓰는 것이 쉽지 않은 것 같아요. 밑그림은 잘 그리는데 색을 잘 칠하지 못해요. 또 글씨를 예쁘게 쓰지 못하는 것 같아요.

정음 엄마: 어쩌면 손에 힘이 없어서 그럴 거예요. 일단 연필 쥐는 법을 잘 가르쳐 주고 선을 긋는 연습부터 하게 해 보세요. 차차 좋아질 거예요.

명랑 엄마: 그렇게 하면 되겠군요. 정말 고마워요. 정음이 엄마가 옆집에 살아서 정말 다행이에요.

−을지 모르다

▶ 걱정을 표현할 때 사용한다.

- 남편이 사업을 시작하는데 잘될지 모르겠어요.
- 약속 시간 안에 도착할 수 있을지 모르겠어요.

 **함께 이야기해 봅시다.**

아이에 대한 걱정을 말해 봅시다.

(1) 내년에 아이가 초등학교에 입학을 합니다. 걱정이 되는 것을 말해 보세요.

(2) 직장에 출근하게 되었습니다. 아침 8시에 나가서 저녁 6시에 집에 올 수 있습니다.
아이들 때문에 걱정되는 일이 많습니다. 걱정이 되는 것을 말해 보세요.

우리 아이들은 학교생활을 어떻게 할까?

▶ 이 단원의 학습 목표

1. 초등학교의 1년 행사를 알고 미리 준비할 수 있다.
2. 아이의 하루 일과를 계획할 수 있다.

▶ 이 단원의 학습 내용

우리 아이는 학교에서 하루를 어떻게 보낼까요? 또 1년 동안 어떤 일들을 하면서 지내게 될까요?

학령기 자녀를 둔 결혼이민자를 위한 한국어

■ 학교 행사에는 무엇이 있을까요?

학교는 1년에 두 학기로 운영된다. 1학기가 끝나면 약 한 달 정도의 여름방학이 있고, 2학기가 끝나면 새 학년이 시작될 때까지 약 두 달 가량 겨울방학과 봄방학이 있다.

월	행사 내용
3	삼일절(3.1), 개학식, 입학식
4	과학의 날(4.21) 행사, 봄 소풍, 수학여행(6학년)
5	어린이날 기념 운동회, 어린이날(5.5), 어버이날(5.8), 스승의 날(5.15), 체격검사
6	환경의 날(6.5) 행사, 현충일(6.6), 통일백일장, 중간평가, 수학-가 진급평가
7	제헌절(7.17), 수영교실, 여름방학
8	여름방학, 광복절(8.15)
9	개학식
10	개천절(10.3), 운동회, 한글날(10.9) 행사, 가을 소풍
11	독서행사, 수학-나 진급평가
12	성취도평가, 겨울방학
1	겨울방학
2	졸업식, 수료식, 학년말 방학(봄방학)

(1) 초등학교는 1년에 몇 학기입니까?

(   )

(2) 다음의 각 행사는 몇 월에 있는지 쓰세요.

① 입학식　　（ 3월 ）
② 어린이날　（　　　）
③ 현충일　　（　　　）
④ 여름방학　（　　　）
⑤ 가을 소풍　（　　　）
⑥ 성취도평가（　　　）

(3) 2학기가 끝나고 새 학기가 될 때까지 행사는 무엇이 있습니까?

① 과학의 날 행사
② 봄 소풍
③ 졸업식
④ 광복절

우리 아이들은 학교생활을 어떻게 할까?

▶ 읽고 요약하기

■ 친구와 잘 지내는 일은 우리 아이에게 어떤 도움을 줄 수 있을까요?

아이는 학교에 입학한 후에 친구들과 함께 생활하면서 사회생활의 기본이 되는 능력과 자질을 키워 가게 됩니다. 친구들과 어울려 놀면서 다른 사람들과 함께 살아가는 데에 필요한 것들을 배울 수 있습니다.

아이는 친구를 사귀면서 협동심을 배울 수 있습니다. 혼자 놀 때에는 자기 마음대로 할 수 있지만 여럿이 있을 때에는 서로 인정해 주고 양보하면서 놀아야 한다는 것을 깨닫게 됩니다.

아이들은 서로 어울려 놀면서 선의의 경쟁심을 키울 수 있습니다. 아이는 자기가 원하는 것을 이루기 위해서 노력해야 한다는 것을 알아 가게 됩니다. 이 과정에서 아이들은 자신의 능력을 개발하고 다른 사람의 좋은 점을 배울 수 있습니다. 선의의 경쟁을 통해서 아이는 공정한 결과에 승복해야 한다는 것도 배우게 됩니다.

(1) 각 단락의 중심 생각을 담고 있는 문장을 찾아서 밑줄을 그어 보세요.

(2) 빈칸을 채워서 요약 글을 완성하세요.

학교에 입학한 후에 아이는 사회생활의 기본이 되는 ______________ 과 자질을 키우게 된다. 아이는 친구들을 사귀면서 ______________을 배우고 ___________ 을 키울 수 있다.

■ 자신의 일을 스스로 할 수 있는 능력을 키워 주기 위해서는 어떻게 해야 할까요?

학교생활을 시작하면서부터 아이는 조금씩 자립심을 키워 가야 합니다. 아이 혼자서 제대로 할 수 있는 일이 없다고 생각하고 엄마가 자꾸 아이를 통제하려고 하면, 아이는 다른 사람이 시킨 일만 하게 되기 쉽습니다. 그러므로 아이 스스로 자기 일을 해 나갈 수 있도록 도와주어야 합니다.

어떤 일을 결정해야 할 때 먼저 아이의 생각을 물어보는 것이 좋습니다. 아이가 엉뚱하거나 잘못된 생각을 하더라도 혼내지 말고 귀 기울여 들어 주세요. 그 다음에 엄마의 생각을 차분하게 이야기하도록 합니다.

스스로 결정한 다음에는 그것을 실천할 수 있는 힘을 길러주는 것도 중요합니다. 하루 일과표나 해야 할 일을 적은 메모를 아이와 함께 만들어 보세요. 이것을 아이가 잘 실천하는지를 아이와 함께 확인하는 것도 필요합니다. 아이가 하기로 한 것을 잘 지킬 때마다 스티커를 붙여서 실천한 것을 한 눈에 확인해 볼 수 있도록 하세요. 아이 스스로 계획을 잘 지키도록 하는 데에 큰 도움이 됩니다.

(1) 어떤 일을 결정할 때 아이의 생각을 들어주는 것은 왜 중요합니까?

(2) 아이가 자신의 일을 스스로 결정하고 실천할 수 있게 도울 수 있는 방법을 이야기해 봅시다.

우리 아이들은 학교생활을 어떻게 할까?

읽고 배워 보기

■ 우리 아이는 하루를 어떻게 보내고 있습니까?

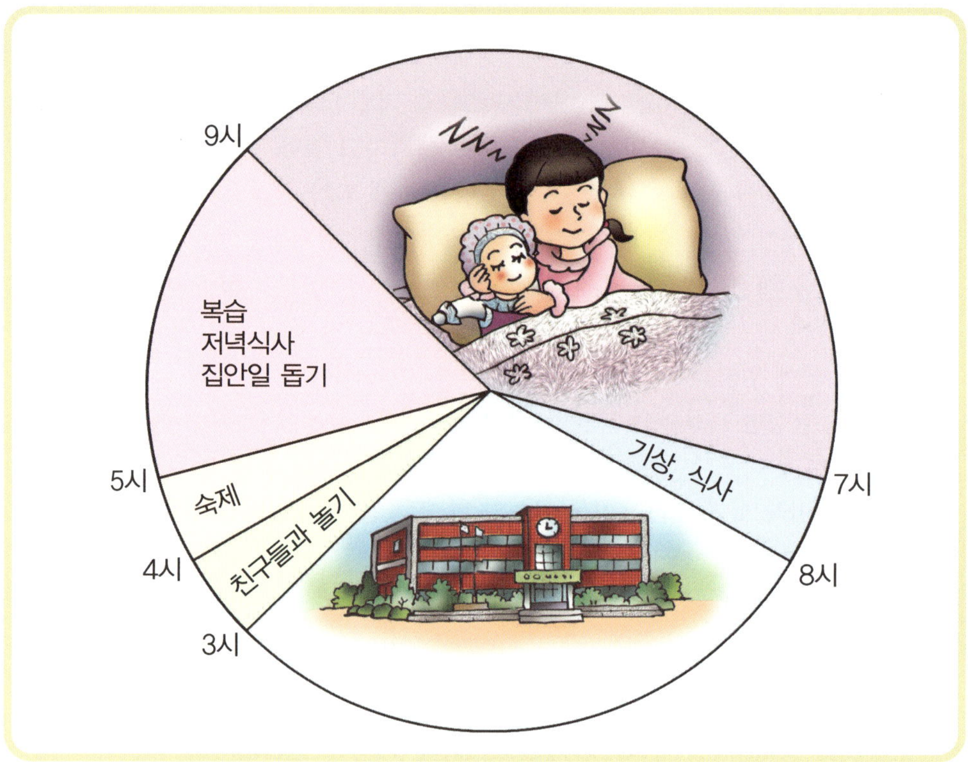

(1) 위 그림은 무엇입니까?

(2) 아이는 학교에 가기 전에 어떤 일을 합니까?

(3) 아이는 학교에서 돌아온 후에 어떤 일을 합니까?

쓰기

■ 아이와 함께 일과표를 만들어 보세요.

(1) 아이가 자는 시간과 학교에 가는 시간을 제외하고 하루에 어떤 일을 몇 시간 동안
해야 하는지 아이와 함께 이야기를 나누어 보세요.

(2) 아이와 함께 색연필로 그림을 그리고 색칠을 해서 일과표를 예쁘게 완성해 보세요.

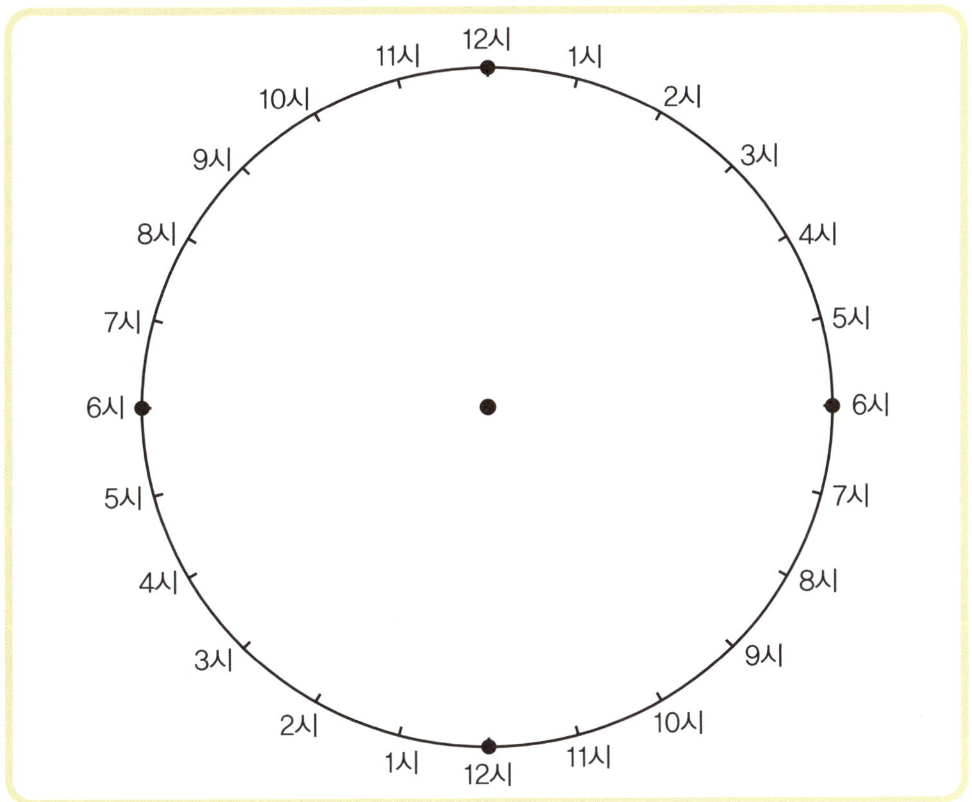

29

▶ 말하기 1

■ 다음 대화를 듣고 이야기해 봅시다.

아이에게 공감해 주기

훈민: 학교 다녀왔습니다.

엄마: 잘 갔다 왔니? 오늘 학교에서 재미있었어?

훈민: (힘없는 목소리로) 네.

엄마: 어? 우리 훈민이가 기분이 안 좋은가 보구나. 학교에서 무슨 일이 있었니?

훈민: 앞에 있는 친구가 지우개를 빌려 달라고 해서 빌려 줬는데, 선생님께서 떠들었다고 꾸중을 하셨어요. 저는 아무것도 안 했는데……. 그래서 속이 상했어요.

엄마: 우리 훈민이가 많이 속상했나 보구나. 억울하기도 하고.

훈민: 그런데 이제 괜찮아요, 엄마. 친구가 미안하다고 했어요.

엄마: 친구가 사과를 해서 기분이 좋아졌나 보네?

훈민: 네. 하지만 선생님한테 혼이 난 게 조금 속상해요.

엄마: 선생님께서 잘못 아신 거니까 괜찮아. 훈민이도 다른 사람의 생각을 잘 모를 때가 있잖아. 그렇지?

훈민: 네, 알겠어요.

-나 보다/-은가 보다
▶ 추측하여 말할 때 사용한다.

- 오늘 결석한 걸 보니까 유미가 아직도 아픈가 보구나.
- 명랑이가 공부를 열심히 했나 보다. 시험을 잘 봤네.

다음 그림을 보고 아이의 기분이 어떤지 추측하여 말해 봅시다.

우리 훈민이가 속상한가 보구나. 무슨 일 있었어?

우리 아이들은 학교생활을 어떻게 할까?

 **말하기 2**

■ 다음 대화를 듣고 이야기해 봅시다.

학창시절 이야기하기

엄마: 내일 훈민이가 현장학습을 가요.

아빠: 어디로 가는데요?

엄마: 용인 민속촌으로 가요.

아빠: 민속촌? 내가 학교 다닐 때는 가까운 왕릉에 가는 게 전부였는데……. 그래도 소풍 때가 제일 좋았어요. 소풍을 가면 김밥을 먹고 친구들과 노는 재미가 최고였지.

엄마: 저도 소풍을 가는 게 어찌나 좋던지 소풍 전날에는 언제나 잠을 설쳤어요. 당신도 그랬어요?

아빠: 왜 아니겠어요. 지금도 초등학교 소풍 갔을 때를 생각하면 기분이 좋아지는데. 우리 훈민이도 좋아하지요?

엄마: 네. 친구들하고 먹는다고 이것저것 사 달라고 졸라서 몇 가지 사 주었는데 기분이 아주 좋은가 봐요.

아빠: 우리 훈민이가 아주 신 나 있겠네.

어찌나/얼마나/어떻게나 −던지
▶ 지난 일을 회상하며 이유로 말할 때 사용한다.

- 그때에는 어찌나 무서웠던지 기절할 뻔했어요.
- 소리가 얼마나 크던지 깜짝 놀랐어요.
- 강아지가 어떻게나 예쁘던지 집에 데려오고 싶었어요.

함께 이야기해 봅시다.

학창 시절의 경험과 그때의 느낌을 다음처럼 이야기해 봅시다.

(1) 소풍을 갔을 때

(2) 상을 받았을 때

(3) 방학을 할 때

(4) 시험을 볼 때

▶ 말하기 3

■ 다음 대화를 듣고 이야기해 봅시다.

자녀 양육의 경험 나누기

명랑 엄마: 안녕하세요? 저는 이명랑 엄마예요.

한결 엄마: 아, 안녕하세요. 저는 정한결 엄마예요. 반갑습니다.

명랑 엄마: 네, 반갑습니다. 그런데 제가 조금 늦었나 봐요.

한결 엄마: 선생님이 몇 가지 학교에 대한 이야기를 하셨는데 그렇게 중요한 건 없었어요. 지금은 잠시 쉬는 시간이고요.

명랑 엄마: 회사에서 일찍 나온다고 나왔는데도 늦었네요.

한결 엄마: 명랑이 어머니는 직장에 다니세요?

명랑 엄마: 네. 그래서 아이에게 신경을 쓴다고 쓰는데도 늘 부족한 것 같은 마음이 드네요.

한결 엄마: 걱정하지 마세요. 이제 엄마 손길이 많이 필요한 나이는 지났잖아요.

명랑 엄마: 이제 혼자 할 수 있는 일이 점점 더 많아지겠지요?

한결 엄마: 그럼요. 참, 이거 받으셨어요? 이게 선생님께서 주신 오늘의 일정표예요.

−는다고 −는데도
▶ 어떤 일을 잘하기 위해서 노력하지만 생각만큼 좋은 결과가 나오지 않을 때 사용한다.

- 서두른다고 서둘렀는데도 늦었어요.
- 청소를 한다고 했는데도 집이 엉망이네요.

함께 이야기해 봅시다.

아이를 잘 키우기 위해서 많은 노력을 하지만 부족하다고 생각되는 점이 있습니까? 다음처럼 이야기해 봅시다.

아이가 말썽을 부릴 때 참는다고 참는데도 화를 내게 돼요.
아이들의 말을 잘 들어 준다고 들어 주는데도 아이들은 엄마가 엄마 마음대로만 한다고 해요.
아이에게 책을 많이 읽힌다고 읽히는데도 부족한 것 같아요. 옆집 아이는 우리 아이보다 책을 훨씬 많이 읽더라고요.

우리 아이들은 학교생활을 어떻게 할까?

우리 아이들은 학교에서 무엇을 배울까?

▶ 이 단원의 학습 목표

1. 아이들이 학교에서 배우는 과목과 평가를 이해할 수 있다.
2. 학교 공부를 하는 데에 도움이 되는 정보를 이야기할 수 있다.

▶ 이 단원의 학습 내용

우리 아이가 초등학교에서 배우게 되는 과목과 시험의 방법, 종류는 무엇이 있을까요? 발표 자료는 어떻게 만들어야 할까요?

■ 아이들이 학교에서 어떤 과목을 배우는지 알아봅시다.

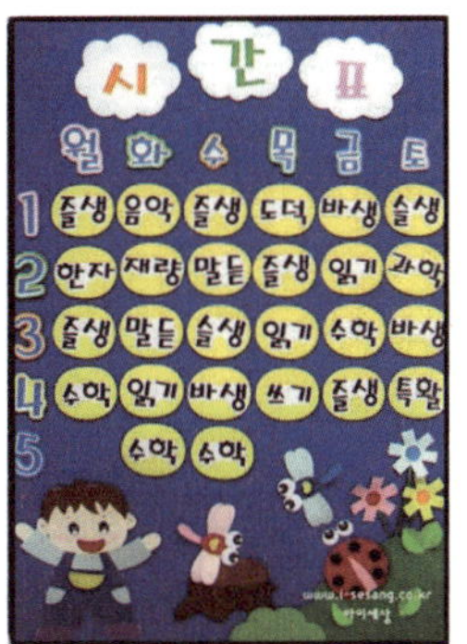

초등학교 1학년은 3월 한 달 동안은 학교 적응을 위해 '우리들은 1학년'이라는 과목으로 종합적인 공부를 한다. 4월부터는 국어, 수학, 즐거운 생활, 바른 생활, 슬기로운 생활의 총 5개 과목을 배운다. 국어는 말하기와 듣기, 쓰기, 읽기의 세 책으로 총 7시간을 학습한다. 그리고 바른 생활과 슬기로운 생활은 일주일에 각 2시간, 즐거운 생활은 2시간을 학습한다.

교과목	교과서
우리들은 1학년	3월 중 80시간
국어	말하기·듣기, 읽기, 쓰기
수학	수학, 수학 익힘책
바른 생활	바른 생활, 생활의 길잡이
슬기로운 생활	슬기로운 생활
즐거운 생활	즐거운 생활

초등학교 3학년부터 교과목은 '국어, 도덕/사회, 수학, 과학, 실과, 예술(음악/미술), 체육, 영어'로 구성된다.

(1) 자녀가 1학년 때 배우는 과목이 아닌 것은 무엇입니까?

① 행복한 생활
② 즐거운 생활
③ 슬기로운 생활
④ 우리들은 1학년

(2) 1학년에 입학해서 배우는 과목의 수는 몇 개입니까?

① 3과목
② 4과목
③ 5과목
④ 6과목

(3) 영어는 몇 학년 때부터 배웁니까?

① 1학년
② 2학년
③ 3학년
④ 4학년

우리 아이들은 학교에서 무엇을 배울까?

읽고 요약하기

■ 우리 아이들은 학교에서 수행평가를 받게 됩니다. 수행평가에 대해서 알아봅시다.

대부분의 초등학교에서 1학년 때에는 점수 위주의 평가를 실시하지 않습니다. 학교에 따라서는 2학기에 한 번 정도 지필평가를 실시하는 경우도 있지만 보통은 다른 여러 가지 방법을 활용하여 종합적이고 과정중심적인 수행평가를 실시합니다.

수행평가에는 서술형 평가, 실기평가, 포토폴리오가 있습니다. 서술형 평가는 주관식 평가라고도 하며 문제에 대한 답을 아이들이 직접 쓰게 하는 방법을 말합니다. 실기평가는 자연스러운 학습활동 상황에서 아이의 기능 수행을 여러 번 관찰함으로써 실제 수행 능력을 평가하는 방법입니다. 포트폴리오는 아이들이 지속적으로 만들어 모아둔 작품집이나 학습 결과물을 평가하는 방법입니다.

아이에 대한 평가 결과는 학기 말, 학년 말 방학식 때 통지표에 기재되어 학부모에게 전달됩니다. 아이의 담임선생님은 수행평가를 종합하여 평가 결과를 서술 형식으로 통지표에 기재합니다.

(1) 각 단락의 중심 생각을 담고 있는 부분을 찾아서 밑줄을 그어 보세요.

(2) 빈칸을 채워서 요약 글을 완성하세요.

대부분의 초등학교에서 1학년 때는 점수 위주의 평가 대신에 ___________를 실시한다. 수행평가의 방법에는 ___________, ___________, 포트폴리오가 있다. 평가 결과는___________에 기재되어 학부모에게 전달된다.

■ 아이의 학교 공부를 도와 주기 위해서 무엇을 하는 것이 좋을까요?

> 저는 내년에 아이를 학교에 보내는 예비 학부모입니다. 아이가 학교 공부를 잘하는 것이 중요하다고 생각해서 아이에게 몇 가지를 미리 가르치고 있습니다. 가장 중요한 것은 영어인 것 같아서 아이에게 영어 학습지를 시킵니다. 한자도 배워 두면 도움이 된다고 해서 한자 학습 만화도 보게 합니다. 책을 많이 읽으면 학교 공부를 잘할 것 같아서 책도 많이 사 주었습니다. 그래도 뭔가 부족한 것 같은 느낌이 듭니다. 또 무엇을 시켜야 하나 고민입니다.
>
> 그런데 아이가 학습지 하는 것도 싫어하고 학습만화도 책도 안 보려고 해서 걱정입니다. 영어로 말을 시켜 보려고 할 때마다 아이는 울상이 됩니다. 아이에게 공부를 시키려고 돈과 시간을 많이 들이는데 아이가 제 마음을 몰라주는 것 같아서 속상합니다.

(1) 여러분은 아이의 학교 공부를 위해서 아이에게 무엇을 시킵니까?

(2) 이 글을 쓴 사람에게 어떤 말을 해 주고 싶습니까?

우리 아이들은 학교에서 무엇을 배울까?

 읽고 배워 보기

■ 학교에서 발표할 때 사용하는 자료는 어떻게 만들어야 할까요?

발표 자료를 준비할 때 가장 많이 사용하는 방법은 '파워포인트'로 자료를 만드는 것이다. '파워포인트'를 'ppt[피피티]'라고 하기도 한다. 그런데 피피티로 발표 자료를 만들 때 내용이 너무 많으면 발표를 듣는 사람의 집중력이 떨어질 수 있다. 너무 많은 그래픽과 애니메이션 효과를 넣는 것 역시 오히려 발표자가 원하는 메시지 전달을 방해할 수도 있다. 따라서 발표 자료는 다른 사람들이 이해하기 쉽게 간단하게 만드는 것이 좋다.

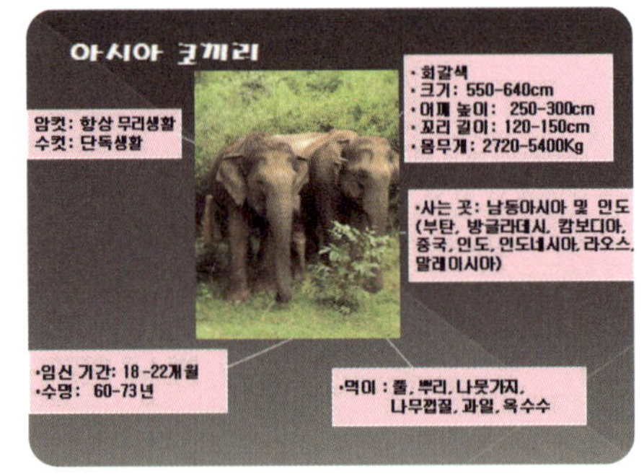

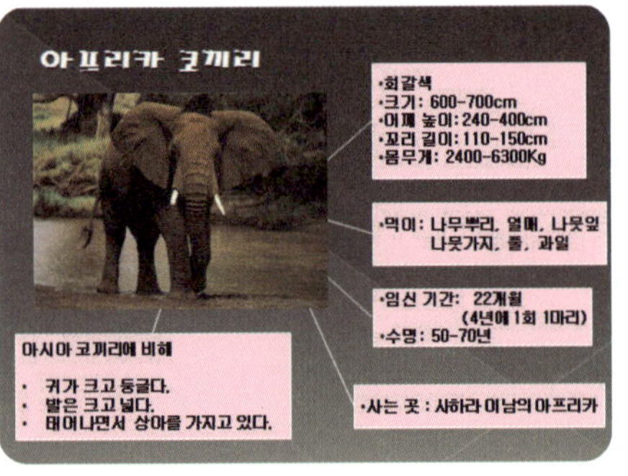

▶ 쓰기

- 아이가 수업에서 '자기소개'를 하려고 합니다. 아이와 함께 파워포인트로 발표 자료를 만들어 봅시다.

자기소개를 할 때 무엇을 말해야 할까요?

1. 이름
2.
3.
4.
5.

- 발표할 내용과 그림(또는 사진)을 다음 빈칸에 넣어 봅시다.

 **말하기 1**

■ 다음 대화를 듣고 이야기해 봅시다.

학습에 대한 정보 전달하기

명랑 엄마: 훈민이는 학원에 다녀요? 반 친구들이 모두 학원을 다니는 것 같아서 우리 명랑이도 이제 학원에 다녀야 하는 게 아닌가 하는 생각이 들어요.

훈민 엄마: 명랑이가 특별히 어려워하는 과목이 있어요?

명랑 엄마: 아니요, 그런 건 없어요.

훈민 엄마: 그러면 학원에 보내기보다는 차라리 인터넷 강의를 들어보게 하는 것이 어때요?

명랑 엄마: 인터넷 강의요?

훈민 엄마: 네, 교육방송 인터넷 사이트에 초등학생을 위한 강의가 있어요.

명랑 엄마: 아, 그래요? 그 강의가 아이에게 도움이 많이 돼요?

훈민 엄마: 훈민이는 학교에서 이해가 되지 않는 것이 있을 때마다 인터넷 강의를 봐요. 방학생활이라는 강의도 있어서 방학 숙제를 하는 데에도 도움을 많이 받아요.

명랑 엄마: 우리 명랑이한테도 도움이 많이 될 것 같아요. 집에 가서 당장 찾아봐야겠어요.

–는 데(에) 도움을 받다 / 도움이 되다
▶ 도움이 되는 정보를 말할 때 사용한다.

- 결혼을 준비하는 데 루나 씨의 도움을 많이 받았어요.
- 독서는 표현력을 키우는 데 큰 도움이 됩니다.

 **함께 이야기해 봅시다.**

자녀의 학습에 도움이 되는 정보를 다음처럼 이야기해 봅시다.

> 한자 / 단어를 익히다
> → 한자를 많이 알면 단어를 익히는 데 도움이 많이 된대요.

(1) 학습 만화 / 교과서의 내용을 쉽게 이해하다

(2) 일기 / 생각을 넓히다

(3) 어린이신문 / 발표 자료를 준비하다

(4) 생활계획표 / 아이 스스로 시간을 관리하다

(5) 웅변 / 발표력을 키우다

▶ 말하기 2

■ 다음 대화를 듣고 이야기해 봅시다.

아이의 성격과 행동에 대해서 이야기하기

명랑 엄마: 정음이는 책 읽기를 좋아하나 봐요. 볼 때마다 책을 읽고 있네요.

정음 엄마: 책을 읽는 것이 중요하다고 해서 어릴 때부터 책을 읽도록 했어요. 그래서 비교적 책을 많이 읽는 편이에요.

명랑 엄마: 저도 명랑이한테 책 읽기를 시키려고 노력했는데 명랑이는 책보다는 게임을 더 좋아하는 편이에요. 마지못해 책을 보는 정도라서 걱정이에요. 책 읽는 습관을 들이는 좋은 방법이 없을까요?

정음 엄마: 혹시 명랑이가 만화를 좋아하지 않아요?

명랑 엄마: 네, 만화는 좋아해요.

정음 엄마: 그러면 만화를 활용한 책을 읽혀 보면 어떨까요? 요즘은 공부에 도움이 되는 만화도 많아요. 그런 만화는 설명글도 있어서 긴 글을 읽는 연습도 시킬 수 있어요.

명랑 엄마: 그런 책이 있군요. 그러면 미안한데 몇 가지 책을 좀 추천해 주실 수 있어요?

정음 엄마: 그럼요. 내일 우리 같이 서점에 가서 골라 봅시다. 아이들도 함께 데려가서 의견을 들어 보면 더 좋을 거예요.

–은/는 편이다
▶ 경향을 나타낼 때 사용한다.

- 올 겨울은 무척 추운 편이에요.
- 우리 아이는 음식을 골고루 잘 먹는 편이에요.

 **함께 이야기해 봅시다.**

다음처럼 아이의 성격과 행동에 대해서 이야기해 봅시다.

우리 아이는 장난이 심한 편이에요.
우리 아이는 내성적인 편이어서 모르는 사람을 만나면 이야기를 잘 안 해요.

(1) 아이의 성격은 어떻습니까?

(2) 아이는 무엇을 좋아하고 무엇을 싫어합니까?

(3) 아이는 무엇을 잘합니까?

 **말하기 3**

■ 다음 대화를 듣고 이야기해 봅시다.

아이 교육에 대한 의견 말하기

아빠: 정음이도 곧 있으면 중학교에 가는데 방학 때 영어 공부를 더 시키면 어떨까요?

엄마: 정음이는 지금도 영어를 잘하는데요.

아빠: 앞으로 영어를 더 잘하면 좋잖아요.

엄마: 정음이는 방학 때 피아노를 배우고 싶어 해요.

아빠: 피아노? 피아노보다는 영어가 더 중요하지 않아요? 대학을 갈 때도 영어가 얼마나 중요한데…….

엄마: 나는 정음이가 하고 싶은 걸 하게 하는 게 더 중요하다고 생각해요.

아빠: 그래도 남들은 다 영어 공부를 시키는데, 우리도 영어 공부를 시켜야 하는 거 아닌가?

엄마: 정음 아빠, 아이를 키우는 방법은 무엇을 중요하게 생각하느냐에 따라서 다른 거예요.

아빠: 당신 말이 일리가 있네. 그래요. 우리는 아이의 생각을 최대한 존중해 줍시다.

-으냐/느냐에 따라(서) 다르다
▶ 어떠한 기준에 의해 결과가 달라지는 것을 말할 때 사용한다.

• 날씨가 어떠냐에 따라(서) 기분이 달라지곤 해요.
• 똑같은 영화를 보더라도 누가 보느냐에 따라(서) 다르게 해석할 수 있다.

 **함께 이야기해 봅시다.**

자녀 교육에 영향을 주는 것에는 무엇이 있습니까? 다음처럼 이야기해 봅시다.

자녀 교육 방법은 부모가 무엇을 중요하게 생각하느냐에 따라서 달라진다.
자녀 교육 방법은 아이가 무엇을 좋아하느냐에 따라 달라져야 한다.

1. 아래 표에서 알맞은 말을 찾아서 질문에 답해 보십시오.

취	가	수	행	평	가	노
방	학	주	유	진	수	체
소	미	통	통	김	로	하
협	동	심	지	독	유	루
로	아	진	표	서	진	일
파	워	포	인	트	이	과
예	비	소	집	일	영	표

(1) 아이가 학교에 가는 것을 부모에게 알려주는 서류를 무엇이라고 해요?

(2) 입학 전에 아이가 부모와 함께 학교에 가는 날을 무엇이라고 해요?

(3) ○○는 아이의 듣기/말하기, 읽기/쓰기 능력을 동시에 길러줄 수 있는 좋은 방법 중의 하나이다.

(4) 학교에서는 1년 동안 세 번의 ○○이 있다. 봄○○, 여름○○, 겨울○○

(5) 아이는 친구들과 함께 놀면서 ○○○을 키울 수 있다.

(6) 하루에 해야 할 일을 표로 만든 것을 무엇이라고 해요?

(7) 아이는 학교에서 종합적이고 과정중심적인 ○○평가를 받게 된다.

(8) 학기 말에 아이의 학교생활과 성적을 부모에게 알려주는 서류를 무엇이라고 해요?

(9) 발표 자료를 만들 때 가장 많이 쓰는 컴퓨터 프로그램 이름이 뭐예요?

2. 무엇을 나타내는 그림일까요? 그림에 대해서 설명해 보십시오.

입학식이에요. 아이가 학교에 들어가는 첫날이에요.

3. 다음 표현을 활용해서 문장을 완성하십시오.

> -던데   -었으면 좋겠어(요)
> -나 보다 / -은가 보다   -는다고 -는데도
> 어찌나 / 얼마나 / 어떻게나 -던지

(1) 아이 교육에 신경을 <u>쓴다고 쓰는데도</u> 항상 부족한 것 같아요. (쓰다)

(2) 아이가 건강하고 밝게 ＿＿＿＿＿＿＿＿＿＿＿＿＿. (자라다)

(3) 아이가 오늘 일찍 잠들었어요. 오늘 종일 뛰어다녀서 ＿＿＿＿＿＿
＿＿＿＿＿. (피곤하다)

(4) 아이가 태어났을 때 ＿＿＿＿＿＿＿＿＿＿＿＿＿＿ 저절로
웃음이 나왔어요. (행복하다)

(5) 저번에 엄마들하고 이야기해 보니까 모두 아이들한테 피아노를
＿＿＿＿＿ 우리 아이도 피아노 학원에 보내야 할까 봐요. (가르치다)

(6) 아이가 친구하고 ＿＿＿＿＿＿＿＿＿＿ . 그 친구가 밉다고 해
요. (싸우다)

(7) 우리 아이는 그림 그리는 것을 좋아하니까 나중에 화가가 ＿＿＿＿
＿＿＿＿＿＿＿＿＿. (되다)

(8) 아이가 많이 늦어서 ＿＿＿＿＿＿＿＿＿＿＿＿＿＿ 집 앞에
나가서 계속 기다렸어요. (걱정이 되다)

(9) 집에서 아이에게 공부를 ＿＿＿＿＿＿＿＿＿ 모자란 것 같아요.
학원에 보내 봐야겠어요. (시키다)

(10) 저번에 유치원에 가서 보니까 우리 아이가 다른 아이들보다 노래를
아주 ＿＿＿＿＿＿＿＿＿ 나중에 가수를 시켜야겠어요. (잘하다)

(1) 우리 아이의 성격은 어떻습니까?

- 우리 아이는 성격이 조용하고 차분한 편이에요.
-
-

(2) 아이의 학교생활에 대해서 걱정되는 것이 있습니까?

- 친구들하고 잘 어울릴 수 있을지 모르겠어요.
-
-

(3) 자녀 교육에 가장 크게 영향을 주는 것은 무엇이라고 생각합니까?

- 아이가 무엇을 좋아하느냐에 따라 다르다고 생각해요.
-
-

(4) 아이에게 독서하는 습관을 길러주는 것은 왜 중요합니까?

- 독서는 새로운 단어를 익히는 데 큰 도움이 돼요.
-
-

학령기 자녀를 둔 결혼이민자를 위한 한국어

1.

취	가	수	행	평	가	노
방	학	주	유	진	수	체
소	미	통	통	김	로	하
협	동	심	지	독	유	루
로	아	진	표	서	진	일
파	워	포	인	트	이	과
예	비	소	집	일	영	표

(1) 취학통지서

(2) 예비소집일

(3) 독서

(4) 방학

(5) 협동심

(6) 일과표

(7) 수행

(8) 통지표

(9) 파워포인트

2. (1) 〈예〉 아이들이 백일장에서 글짓기를 하고 있어요.
   (2) 〈예〉 엄마하고 아이가 지켜야 할 일을 적어서 벽에 붙여 놓고 아이
        가 얼마나 잘하고 있는지 확인해 보고 있어요.
   (3) 〈예〉 수업에서 아이가 발표를 하고 있어요.
   (4) 〈예〉 엄마하고 아이가 같이 EBS 인터넷 강의를 보고 있어요.

3. (2) 자랐으면 좋겠어요
   (3) 피곤한가 봐요
   (4) 어찌나/얼마나/어떻게나 행복하던지
   (5) 가르치던데
   (6) 싸웠나 봐요
   (7) 되었으면 좋겠어요
   (8) 어찌나/얼마나/어떻게나 걱정이 되던지
   (9) 시킨다고 시키는데도
   (10) 잘하던데

초등학교 국어 교과서에는 무엇이 있을까?

▶ 이 단원의 학습 목표

1. 초등학교 국어 과목에서 배우는 주요 개념과 용어를 이해할 수 있다.
2. 초등학교 국어 과목의 주요 활동을 이해하여 아이의 학습을 도울 수 있다.

▶ 이 단원의 학습 내용

- 우리 아이들이 국어 과목에서 공부하는 내용은 무엇일까요?
- 국어 과목의 교육 목표와 주요 활동은 무엇일까요?
- 엄마는 아이의 국어 과목 학습을 어떻게 도울 수 있을까요?

■ 초등학교 국어 교과서에서 다루는 내용은 무엇일까요?

초등학교 2학년 2학기 『국어: 듣기·말하기』

※ 『국어』는 '듣기·말하기, 읽기, 쓰기' 총 세 권으로 구성되었으며, 세 권의 각 단원 제목 명은 동일하고 책마다 서로 다른 활동을 하도록 되어 있습니다.

인형극에는 실감 나게 표현하고 싶은 말과 행동이 많이 나옵니다. 인형극에 대해 알아보고, 인형극의 내용을 역할놀이로 꾸며 봅시다.

우리말에는 소리를 혼동하기 쉬운 낱말이 많습니다. 소리를 혼동하기 쉬운 낱말을 정확히 발음해 봅시다. 그리고 설명하는 말을 듣고, 설명하는 대상이 무엇인지 추측해 봅시다.

충고하는 말을 할 때와 충고하는 말에 대답할 때의 방법을 알아보고, 충고하는 말과 대답하는 말을 주고받아 봅시다.

말놀이를 하다 보면 말의 재미를 느낄 수도 있고 낱말도 많이 배울 수 있습니다. 여러 가지 말놀이 방법을 알아보고, 즐거운 마음으로 친구들과 말놀이를 해 봅시다.

듣는 사람이 잘 알아듣고 있는지 표정을 살피며 말하면 설명하고자 하는 내용을 더 잘 전달할 수 있습니다. 자신이 관심 있는 것에 대해서 조사해 보고, 듣는 사람에게 알기 쉽게 설명해 봅시다.

이야기 속 인물이 되어서 조리 있게 말해 보면, 이야기의 내용을 더 잘 이해할 수 있고 다른 사람에게 내 생각을 잘 말할 수도 있습니다. 이야기 속 인물이 되어서 자신의 생각을 조리 있게 말해 봅시다.

이야기나 만화 영화에 나오는 인물의 말을 실감 나게 표현해 보면 내용을 잘 이해할 수도 있고 재미도 있습니다. 이야기나 만화 영화에 나오는 인물의 말을 실감 나게 표현해 봅시다.

(1) 『국어』에서 공부하는 내용은 무엇과 관련이 있습니까?

① 자연
② 언어
③ 수와 셈
④ 예절, 규칙
⑤ 노래, 그림

(2) 2학년 2학기 『국어 : 듣기·말하기』에서 배우는 것과 관련이 없는 것을 고르십시오.

① 발음
② 말놀이
③ 거절하기
④ 충고하기

(3) 2학년 2학기 『국어: 듣기·말하기』에서 활용하는 것이 아닌 것을 고르십시오.

① 노래
② 이야기
③ 인형극
④ 만화 영화

읽고 요약하기

■ 다음 이야기는 초등학교 2학년 2학기 『국어: 읽기』 3단원에 나오는 '지혜로운 아들'이라는 이야기입니다.

옛날 어느 마을에 심술궂은 사또가 있었습니다. 사또는 말도 안 되는 명령을 내려서 이방을 자주 괴롭혔습니다. 이방은 사또가 또 어떤 일을 시킬지 몰라서 걱정을 하였습니다.

어느 추운 겨울 날, 사또가 이방을 불렀습니다. 사또는 겨울에 산에 가서 산딸기를 구해 오라는 명령을 내렸습니다. 날씨가 추운 겨울에 산딸기를 구하는 일은 당연히 불가능한 일이었습니다. 사또도 이런 사실을 모르지 않았지만 산딸기를 구해오라고 억지를 부렸습니다. 산딸기를 구해 오지 않으면 큰 벌을 내리겠다고 했습니다.

이방은 어떻게 해야 할지를 몰라 너무 고민을 하다가 그만 병이 나고 말았습니다. 이방의 아들이 아버지가 걱정되어서 무슨 일이 있었는지를 물어 봤습니다. 이방은 아들에게 사실을 이야기해 주었습니다. 아들은 자기가 사또를 만나고 오겠다며 사또를 찾아 갔습니다.

이방의 아들은 사또에게 아버지가 산딸기를 구하러 산에 갔다가 독사에게 물렸다고 했습니다. 이 말을 듣고 사또는 아들이 거짓말을 한다며 크게 화를 냈습니다. 이렇게 추운 겨울에 독사가 있을 리가 없기 때문입니다. 이 말에 아들은 추운 겨울에 독사가 있을 수 없듯이 산딸기도 없다고 말했습니다. 그 말을 듣고서야 사또는 자신의 잘못을 깨달았습니다.

(1) 각 단락에서 중요한 사건을 찾아보세요.

(2) 빈칸을 채워서 요약 글을 완성하세요.

__________사또가 이방에게 말도 안 되는 명령을 내렸습니다. 추운 겨울에 __________를 구해오라는 것이었습니다. 이방은 이 일을 할 수가 없어서 걱정을 하다가 __________________. 이방의 아들이 사또를 찾아가서 지혜로운 말로 사또의 잘못을 __________게 했습니다.

■ 국어 과목은 어떻게 공부하는 것이 좋을까요?

국어 과목을 잘하려면 무엇보다 다양한 어휘와 표현을 익히는 것이 중요합니다. 이를 위해서는 어렸을 때부터 책을 읽는 습관을 들이는 것이 좋습니다. 아이가 독서에 흥미를 가질 수 있도록 조금씩이라도 매일 책을 읽게 하세요. 독서를 하면서 자연스럽게 책에 나오는 어휘와 표현을 학습하게 됩니다.

아이의 표현 능력을 키우려면 책을 읽고 이야기의 줄거리나 느낀 점, 자기 생각 등을 이야기해 보게 하는 것도 좋습니다. 이야기의 줄거리가 무엇인지, 이야기의 어떤 점이 재미있었는지, 주인공의 어떤 행동이 왜 마음에 드는지, 자신이 이야기의 주인공이라면 어떻게 행동했을지에 대해서 아이와 함께 이야기를 나누어 보세요. 아이가 좀 더 크면 이야기의 줄거리와 느낀 점을 글로 써 보게 하는 것도 좋습니다. 이러한 활동을 통해서 아이는 자신이 이해한 것과 생각한 것을 표현하는 능력을 키우게 됩니다.

아이가 고학년이 될수록 엄마가 모르는 말이 많아질 수 있습니다. 엄마가 모르는 말이 있을 때, 아이가 엄마가 모르는 것을 질문할 때 당황하지 말고 아이와 함께 사전을 찾아보세요. 특히 아이들을 위한 국어사전은 쉬운 말로 단어의 뜻을 설명해 주기 때문에 의미를 이해하는 데에 도움이 많이 됩니다. 아이와 함께 사전을 보면서 단어의 정확한 의미와 발음, 사용법을 함께 익히세요.

(1) 아이의 표현 능력을 키우려면 어떻게 해야 합니까? 위의 글에서 세 가지를 찾아 보세요.

(2) 다음의 방법이 어휘량과 표현 능력을 늘리는데 효과적인 방법이 될 수 있는지 같이 이야기해 봅시다.

① 말 잇기와 같은 게임

② 그림보고 이야기 만들기

③ 만화 영화나 책의 줄거리를 다른 사람에게 이야기해 주기

 **읽고 배워 보기**

■ 다음은 국어 교과서에서 자주 다루는 활동입니다. 어떤 활동인지 배워 봅시다.

1. 다음 낱말을 소리 내어 읽고, 어떤 느낌이 드는지 이야기해 봅시다.
2. 재미있는 말의 느낌을 살려 이야기를 다시 읽어 봅시다.
3. 인물의 마음이나 기분을 생각하며 이야기를 읽어 봅시다.
4. 내가 이야기 속의 인물이라면 어떻게 해야 할지 친구들과 이야기해 봅시다.
5. 새로 알게 된 내용을 친구들과 이야기해 봅시다.
6. 알고 싶은 내용이 어디에 있는지 찾아봅시다.
7. 뜻이 비슷한 낱말을 찾아봅시다.
8. 인물이 한 일에 대한 까닭을 말해 봅시다.
9. 친구에게 미안한 마음을 담아 쪽지를 써 봅시다.
10. 실감 나게 읽어 봅시다.
11. 시에 나타난 마음을 살려 친구나 가족 앞에서 낭송해 봅시다.
12. 설명하는 내용을 정리해 봅시다.
13. 중요한 내용이 무엇인지 생각하며 이야기를 읽어 봅시다.
14. 포함하는 낱말과 포함되는 낱말을 알아봅시다.
15. 낱말 사이의 관계를 생각하며 이야기를 다시 읽어 봅시다.
16. 글쓴이의 의견을 말해 봅시다.
17. 의견이 어떻게 다른지 말해 봅시다.
18. 이어질 이야기를 상상하며 읽어 봅시다.
19. 이야기에 등장하는 인물의 행동을 몸짓으로 표현해 봅시다.
20. 기억에 남는 장면을 골라 실감 나게 표현해 봅시다.
21. 받침이 있는 낱말을 정확히 발음해 봅시다.
22. 말소리의 길이에 주의하며 정확히 발음해 봅시다.
23. 무엇에 대한 설명인지 추측하며 들어 봅시다.
24. 충고하는 말을 하였거나 들었던 경험을 떠올려 적어 봅시다.

58

25. 말 잇기/ 말 덧붙이기/ 말 전하기 놀이를 해 봅시다.

26. 친구의 표정을 살피며 알기 쉽게 설명해 봅시다.

27. 어떻게 말하면 친구들이 잘 알아들을 수 있을지 생각하며 조사한 내용을 정리해 봅시다.

28. 이야기 속 인물이 되어 다른 사람에게 하고 싶은 말을 조리 있게 해 봅시다.

29. 만화 영화를 보고, 인물의 말을 실감 나게 표현해 봅시다.

30. 일기를 자세히 쓰는 방법을 알아봅시다.

31. 겪은 일이 잘 드러나게 일기를 써 봅시다.

32. 소개하는 글을 써 봅시다.

33. 잘못 쓴 글자가 있는지 살펴봅시다.

34. 부탁하는 글을 쓸 때에 알맞은 말을 알아봅시다.

35. 쓴 글을 다시 읽고 잘된 점과 고칠 점을 말해 봅시다.

36. 주장하는 글을 쓴다면 어떤 까닭을 들지 정리해 봅시다.

(1) 모르는 말에 표시를 하고 뜻을 찾아봅시다.

(2) 1번부터 36번까지의 각 활동이 어떤 것일지 생각해 보고 함께 이야기해 봅시다.

초등학교 국어 교과서에는 무엇이 있을까?

쓰기

■ 앞에서 배운 표현을 활용하여 다음 문장을 완성해 봅시다.

(1) 귀신 이야기를 들으니까 무서운 (　　　　　　　　)이 든다.

(2) 그 사람은 부산 사투리의 (　　　　　　　　)을 잘 살려서 진짜 부산 사람 같다.

(3) '값'과 '가격'처럼 뜻이 (　　　　　　　　) 낱말이라도 느낌의 차이가 있다.

(4) (　　　　　　　　)을 이야기해 주지 않으니 왜 화가 났는지 알 수가 없다.

(5) 그 영화가 실제 이야기를 바탕으로 만들어져서 그런지 이야기가 진짜 (　　　　　　　　).

(6) 예쁜 목소리로 자기가 쓴 시를 (　　　　　　)하는 아이의 모습이 귀엽다.

(7) 당근, 호박, 오이는 채소류에 (　　　　　　)되는 낱말이다.

(8) 그들은 서로 (　　　　　　　　)이 달라서 자주 다툰다.

(9) 드라마의 결말이 어떻게 될지 (　　　　　　)해 보는 일은 재미있다.

(10) 그 나라의 말을 몰라도 (　　　　　　)으로 의사를 전달할 수 있다.

(11) [밤]과 [밤:]처럼 말소리의 (　　　　　)가 달라지면 의미도 달라진다.

(12) 한국 사람들하고 자꾸 이야기를 하다 보니 이제는 한국 사람의 말을 잘 (　　　　　　　　).

(13) 그 시에는 고향과 가족을 그리워하는 마음이 (　　　　　　　　) 있다.

■ 다음 표현으로 문장을 만들어 봅시다.

 **말하기 1**

■ 다음 대화를 듣고 이야기해 봅시다.

아이의 생각과 느낌을 이끌어 내기

훈민: 엄마, 나 일기를 써야 하는데…….

엄마: 응, 근데 왜?

훈민: 무슨 이야기를 써야 할지 잘 모르겠어요.

엄마: 어디 보자, 훈민이 오늘 뭐 했지?

훈민: 학교 갔다가 와서 누나랑 만화 영화를 보고, 밥 먹고……

엄마: 누나랑 만화 영화를 봤구나. 그럼 만화 영화를 본 이야기를 쓰면 되지.

훈민: 좋아요. '오늘 집에 와서 누나랑 만화 영화를 봤다.' 그 다음에 어떻게 쓰죠?

엄마: 음, 만화 영화는 무슨 이야기였어? 훈민이가 본 대로 이야기를 써 봐.

훈민: 어, 좋아요. '주인공하고 친구가 싸웠다. 그래서…….' 이야기 다 썼어요. 이제 일기 다 쓴 거죠?

엄마: 응? 그 다음에 훈민이가 생각하거나 느낀 거를 쓰면 더 좋을 것 같은데? 훈민이는 만화 영화를 보면서 무슨 생각을 했어? 훈민이가 생각한 대로 써 봐.

훈민: 음, '친구하고 싸우면 안 되겠다고 생각했다. 그리고…….' 이제 다 됐다. 엄마, 나 일기 다 쓴 거죠?

엄마: 어디, 엄마가 한번 볼까? (…) 응, 훈민이가 일기를 재미있게 잘 썼네. 이제 일기 다 썼으니까 씻고 잘 준비하자.

–는 대로

▶앞에 오는 동작이나 모양, 상태와 같음을 표현할 때 사용한다.

- 제가 하는 대로 따라 하세요.
- 생각한 대로 말해 보세요.
- 들은 대로 다 이야기해 주세요.

함께 이야기해 봅시다.

그림을 보고 다음처럼 이야기해 봅시다,

선생님이 읽는 대로 아이들이 따라 읽습니다.

 **말하기 2**

■ 다음 대화를 듣고 이야기해 봅시다.

상상해서 표현하기

엄마: 명랑아, 뭐 하니?

명랑: 네, 책을 읽고 있어요.

엄마: 우리 명랑이가 책을 읽고 있구나. 무슨 책이니?

명랑: 우리 국어책에 '토끼의 간' 이야기가 나와요. 그래서 무슨 내용인지 궁금해서 보고 있어요.

엄마: 응, 그렇구나. 토끼가 간을 가지고 온다고 거짓말한 이야기 말이지?

명랑: 네. 엄마. 용왕님은 참 바보 같아요. 내가 용왕님이라면 토끼에게 속지 않았을 거예요.

엄마: 하하. 그렇구나. 그런 걸 보면 토끼는 참 영리하지? 엄마가 토끼라면 그런 거짓말은 생각나지 않았을 것 같아.

명랑: 맞아요. 그리고 거북이는 참 불쌍해요. 용왕님을 살리려고 고생해서 토끼를 용궁으로 데리고 왔는데…….

엄마: 그러게 말이야. 거북이가 토끼를 용궁으로 데려 가려고 거짓말을 하지?

명랑: 응. 맞아요. 그걸 보면 토끼도 바보네요? 거북이의 거짓말에 속았잖아요. 토끼가 영리하다면 그런 거짓말에 속지 않았을 텐데요.

엄마: 정말 그렇구나. 아마 토끼가 욕심이 났었나 봐. 용궁에 가면 부자가 될 수 있다고 하니까 욕심이 생겨서 거북이를 따라갔을 거야.

명랑: 그런가 봐. 토끼는 욕심 때문에 큰일을 당할 뻔했어요.

–는다면 / 이라면

▶ '만약 그렇다면'이라는 뜻으로 사용한다.

- 장학금을 받는다면 기쁠 텐데……
- 공부를 열심히 한다면 좋은 대학에 갈 것이다.
- 내가 너라면 거기에는 안 갈 거야.

함께 이야기해 봅시다.

(1) 알고 있는 이야기의 줄거리를 간단하게 말해 봅시다.

(2) 이야기에서 주인공은 어떤 선택을 했습니까? 만약 여러분이 주인공이라면 어떻게 했을지 이야기해 봅시다.

주인공의 선택	나의 선택(만약 나라면……)

 말하기 3

■ 다음 대화를 듣고 이야기해 봅시다.

아이에게 해야 할 일을 지시하기

정음: 엄마, 학교 다녀왔습니다.

엄마: 응, 그래. 정음이 왔구나.

정음: 엄마, 이거 뭐예요? 맛있겠다. 먹어 봐도 돼요?

엄마: 손부터 씻어야지. 손도 안 씻고 음식을 집어 먹으면 안 돼요.

정음: 네. 손 씻고 올게요.
　　　(음식을 먹으며) 엄마, 저 이거 먹고 영훈이네 집에 놀러가도 돼요? 영훈이가 강아지를 샀대요. 강아지가 귀엽다고 자랑을 많이 해서 저도 보고 싶어요.

엄마: 그래? 그럼 먼저 영훈이 엄마께 허락을 받아야지. 이거 먹고 영훈이네 집에 전화해 볼래?

정음: 네, 알겠어요.

엄마: 그런데, 참, 오늘 숙제는 없니? 숙제 먼저 해야지.

정음: 강아지를 먼저 보고 와서 숙제하면 안 돼요? 잠깐만 보고 올게요. 네?

엄마: 그렇게 보고 싶어? 그럼 딱 1시간만 놀고 와서 숙제하는 거야, 알았지?

정음: 네. 딱 1시간만 놀다 올게요.

-어야지(요)

▶ 말하는 사람의 의지를 말할 때 사용한다. 보통 반말체로 사용한다.

　• 나도 그 영화를 꼭 봐야지.

　• 내일부터는 꼭 운동을 열심히 해야지.

▶ 듣는 사람에게 어떤 일을 해야 함을 알려줄 때 사용한다.

　• 음식은 골고루 먹어야지요.

함께 이야기해 봅시다.

아이에게 어떤 지시를 하는지 이야기해 봅시다.

(1) 식사 시간입니다.

• 손을 씻어야지.

(2) 교실입니다.

• 수업 시간에 떠들지 말아야지.

초등학교 국어 교과서에는 무엇이 있을까?

초등학교 사회 교과서에는 무엇이 있을까?

▶ 이 단원의 학습 목표

1. 초등학교 사회 과목에서 배우는 주요 개념과 용어를 이해할 수 있다.
2. 초등학교 사회 과목의 주요 활동을 이해하여 아이의 학습을 도울 수 있다.

▶ 이 단원의 학습 내용

- 우리 아이들이 사회 과목에서 공부하는 내용은 무엇일까요?
- 사회 과목의 교육 목표와 주요 활동은 무엇일까요?
- 엄마는 아이의 사회 과목 학습을 어떻게 도울 수 있을까요?

학령기 자녀를 둔 결혼이민자를 위한 한국어

읽고 대답하기

■ 초등학교 사회 교과서에서 다루는 내용은 무엇일까요?

초등학교 2학년 2학기 『바른 생활』

❶ 소중한 약속 ·· 2

약속은 소중합니다. 우리는 서로 약속을 잘 지키도록 노력하여야 합니다.
• 약속지키기

❷ 바른말 고운 말 ·· 14

말은 마음을 비추는 거울입니다. 우리는 바르고 고운 말을 사용하여야 합니다.
• 바른말 사용하기   • 고운 말 사용하기

❸ 아름다운 우리나라 ··· 26

우리나라에는 여러 가지 자랑거리가 있습니다. 우리는 우리나라의 자랑거리를 아끼고 보존하여야 합니다.
• 우리나라의 자랑거리 알기
• 우리나라의 자랑거리 소중히 하기

❹ 통일을 향해서 ·· 42

북한도 우리와 같은 민족입니다. 우리는 통일을 위해 함께 노력해야 합니다.
• 북한 사람들도 우리와 같은 민족임을 알기
• 북한 어린이의 생활 알기
• 통일의 필요성 이해하기

❺ 화목한 가정 ·· 54

가정은 우리에게 소중한 곳입니다. 우리는 가족끼리 서로 사랑하며 도와야 합니다.
• 집안 어른께 효도하기
• 형제간에 사이좋게 지내기
• 집안일 함께하기

❻ 지키면 안전해요 ·· 66

교통 규칙은 우리를 안전하게 생활할 수 있도록 해 줍니다. 우리는 교통 규칙을 잘 알고 지켜야 합니다.
• 교통 신호와 교통안전 표지 알기   • 안전하게 생활하기

❼ 생명의 소중함 ·· 78

살아 있는 것은 모두 소중합니다. 우리는 생명을 가진 모든 것을 사랑하고 보호하여야 합니다.
• 생명의 소중함 알기   • 동식물 사랑하기

(1) 『바른 생활』에서 공부하는 내용은 무엇과 관련이 있습니까?

① 자연
② 언어
③ 수와 셈
④ 예절, 규칙
⑤ 노래, 그림

(2) 2학년 2학기 『바른 생활』에서 배우는 것과 관련이 <u>없는</u> 것을 고르십시오.

① 바른 말
② 친구관계
③ 교통규칙
④ 북한의 생활

(3) 5단원 '화목한 가정'에서 배우는 내용과 관련이 <u>없는</u> 것을 고르십시오.

① 자연을 아끼기
② 어머니 도와 드리기
③ 형제끼리 사이좋게 지내기
④ 가족들에게 고마움 표현하기

▶ 읽고 요약하기

■ 초등학교에서 공부하는 사회 과목의 내용을 알아봅시다.

초등학교 사회 과목에서는 국가, 지역사회, 학교, 가정의 구성원으로서 아이들이 지켜야 할 기본예절과 도덕, 규칙 등을 공부합니다. 사회 과목은 우리 사회의 구성원들이 꼭 해야 하는 일과 해서는 안 되는 일을 배우는 과목입니다. 이 과목의 교육 목표는 아이들이 생각하는 힘을 길러서 바람직한 행동이 무엇인지 스스로 깨닫고, 자신의 사회적, 개인적 행동을 성찰할 수 있도록 하는 것입니다.

국가와 지역 사회 관련 부분에서는 한국 사회의 특성과 시민의 역할을 배웁니다. 저학년 때는 주로 한국 사회의 시민으로서 해야 할 일과 해서는 안 될 일을 공부합니다. 고학년이 되면 한국 사회가 어떻게 구성되어 있는지, 각 집단과 개인이 어떤 특성을 가지고 있으며 어떤 역할을 하는지, 한국의 역사는 어떤지에 대해서도 학습합니다.

생활 관련 부분에서는 일상생활의 도덕, 규칙, 예절을 배웁니다. 이를 통해서 학교와 집에서 어떻게 생활하는 것이 올바른 것인지를 생각해 보게 하고 실천할 수 있게 합니다.

(1) 각 단락의 중심 생각을 담고 있는 부분을 찾아서 밑줄을 그어 보세요.

(2) 빈칸을 채워서 요약 글을 완성해 보세요.

초등학교 사회 과목에서는 국가, 지역사회, 학교, 가정의 __________으로서 지켜야 할 예절, 도덕, _____________을 배운다. 국가, 지역사회와 관련해서는 한국 사회의 _____________과 시민의 역할을 배우고, __________관련 부분에서는 일상생활의 도덕, 규칙 등을 학습한다.

■ 사회 과목은 어떻게 공부하는 것이 좋을까요?

사회 과목은 우리 사회와 일상생활에 대해서 공부하는 과목입니다. 그래서 우리의 일상생활에서 과목의 개념과 용어를 쉽게 찾아볼 수 있습니다. 예를 들어, 초등학교 2학년 2학기 교과서에서는 약속, 바른말 고운 말, 화목한 가정 등의 주제가 제시돼 있습니다. 이러한 주제는 우리의 일상생활과 밀접하게 관련되어 있으므로 아이와 함께 이러한 주제에 대해서 이야기를 자주 나누도록 하세요. 아이가 학교에서 약속에 대해서 배웠다면 약속을 지키기 위해서 어떻게 노력해야 하는지, 약속을 지킬 수 없을 때는 어떻게 해야 하는지 등을 이야기해 보는 것이 좋습니다.

사회 과목에서 중요하게 다루는 것 중의 하나가 일상생활에서 지켜야 할 예절, 도덕, 규칙입니다. 하지만 이러한 것들을 지켜야 한다고 아이에게 일방적으로 강요하는 것은 좋지 않습니다. 아이 스스로 그러한 내용을 왜 지켜야 하는지, 그 이유를 생각해 볼 수 있도록 하세요. 이때, 중요한 것은 우리 사회와 이웃에 대한 관심과 배려입니다. 내가 예절, 도덕, 규칙을 지키지 않았을 때 다른 사람의 입장이라면 어떤 기분이나 느낌이 들지, 어떤 결과가 생길지 생각해 볼 수 있도록 합니다. 이렇게 아이 스스로 생각하는 힘을 기르고 올바른 생활을 실천할 수 있도록 도와주는 것이 좋습니다. 이유를 생각해 보지 않고 무조건 바른 생활만 강요한다면 아이 스스로 올바른 행동을 결정하고 실천하는 능력을 갖추기 어려워집니다.

(1) 사회 과목을 어떻게 공부하는 것이 좋은지 찾아보세요.

(2) 이 글의 주장에 대해서 여러분은 어떻게 생각합니까?

초등학교 사회 교과서에는 무엇이 있을까?

 **읽고 배워 보기**

■ 다음은 사회 교과서에서 자주 나오는 지시문입니다. 어떤 내용을 지시하는 것인지 배워 봅시다.

1. 왜 중요한지 알아봅시다.
2. 노력하여 봅시다.
3. 어떻게 해야 할지 알아봅시다.
4. 실천하여 봅시다.
5. 필요한 까닭을 알아봅시다.
6. 익혀 봅시다.
7. 나의 생활을 되돌아봅시다.
8. 전통을 알아봅시다.
9. 아끼고 보존합시다.
10. 소중히 여기는 마음을 다져 봅시다.
11. 이유를 알아봅시다.
12. 통일을 기원하는 마음을 지녀 봅시다.
13. 소중한 까닭을 알아봅시다.
14. 결과를 생각하여 보세요.
15. 바르고 고운 말을 사용하여 봅시다.
16. 우리나라를 빛낸 분들을 알아봅시다.
17. 다짐해요.
18. 방법을 알아봅시다.
19. 어떤 점이 좋을지 이야기하여 보세요.
20. 새로 알게 된 점을 이야기하여 보세요.

(1) 모르는 말에 표시를 하고 뜻을 찾아봅시다.

(2) 1번부터 20번까지의 지시에 따라서 어떤 활동을 해야 하는지 생각해 보고 함께 이야기해 봅시다.

▶ 쓰기

■ 앞에서 배운 표현을 활용하여 다음 문장을 완성해 봅시다.

(1) (   )하면 좋은 결과가 생긴다.
(2) 말보다 더 중요한 것은 그 말을 (   )하는 것이다.
(3) 그 사람은 음식점 주방에서 오랫동안 일하면서 요리 솜씨를 (   ).
(4) 지금 와서 그때 일을 (   )보니 후회가 된다.
(5) 태권도는 한국의 (   ) 스포츠다.
(6) 모든 부모는 자식을 자신보다 더 (   ).
(7) 자연을 아름답게 (   )하여 후손에게 물려 주어야 한다.
(8) 그 사람은 무엇보다 가족을 (   ) 여긴다.
(9) 이번에는 공부를 열심히 해서 시험에 합격하겠다고 마음을 (   ).
(10) 많은 한국 사람들은 남한과 북한이 꼭 (   )되어야 한다고
    생각한다.
(11) 착한 마음을 (   ) 사람은 꼭 복을 받는다.
(12) 한글은 한국을 (   )는 문화유산 중의 하나다.
(13) 새해에는 금주와 금연을 하겠다고 (   ).

■ 다음 표현으로 문장을 만들어 봅시다.

노력하다, 실천하다, 익히다, 되돌아보다, 전통, 아끼다, 보존하다
소중히 여기다, 마음을 다지다, 통일, 마음을 지니다, 빛내다, 다짐하다

____

____

____

초등학교 사회 교과서에는 무엇이 있을까?

말하기 1

■ 다음 대화를 듣고 이야기해 봅시다.

어떤 일에 대한 목적을 표현하기

아빠: 정음이 오늘 학교에서 뭘 배웠니?

정음: 응? 오늘은……. 아, 맞다! 오늘 수업 시간에 자연 보호에 대해서 배웠어요.

엄마: 자연 보호? 우리 정음이가 중요한 것을 공부했구나.

정음: 네. 전에는 잘 몰랐는데 오늘 공부하면서 자연을 보호하기 위해서 우리가 할 수 있는 일이 많다는 것을 알았어요.

아빠: 그래? 우리가 어떤 일을 할 수 있는데?

정음: 먼저, 쓰레기를 줄이기 위해서 노력해야 해요. 일회용품도 될 수 있으면 안 써야 하고요.

엄마: 그렇구나. 엄마도 웬만하면 일회용품을 안 쓰려고 노력하는데.

정음: 그리고 또, 에너지를 절약하기 위해서 노력해야 해요.

아빠: 어떻게 하면 에너지를 절약할 수 있을까?

정음: 음, 지금 당장 쓰지 않는 가전제품은 플러그를 빼 놓아야 한대요. 가전제품은 쓰지 않아도 플러그를 뽑지 않으면 전기가 계속 흐른대요.

엄마: 그렇구나. 정음아, 그런데 너 아까 숙제하고 컴퓨터 플러그 뺐니?

정음: 어? 아니. 깜빡했어요. 얼른 가서 빼야겠다.

아빠: 하하. 우리 정음이가 공부를 제대로 했구나.

엄마: 그러게 말이에요. 호호.

-기 위해(서)
▶어떤 일에 대한 목적을 말할 때 사용한다.

- 건강을 지키기 위해서 운동을 합니다.
- 한국말을 잘하기 위해서 공부를 열심히 한다.

 **함께 이야기해 봅시다.**

(1) 다음 문장을 완성하고 이야기해 봅시다.

아침에 일찍 일어나기 위해서 ＿＿＿＿＿＿＿＿ 어야 합니다.

아침에 일찍 일어나기 위해서 ＿＿＿＿＿＿＿＿ 는 것이 중요합니다.

건강한 아이로 키우기 위해서 ＿＿＿＿＿＿＿＿ 어야 합니다.

건강한 아이로 키우기 위해서 ＿＿＿＿＿＿＿＿ 는 것이 중요합니다.

(2) 여러분이 노력하는 일과 그 이유에 대해서 다음과 같이 이야기해 봅시다.

저는 아이들의 마음을 잘 아는 엄마가 되기 위해서 아이의 말을 잘 들어 줍니다. 학교에서 있었던 일을 말할 때나 사소한 이야기를 할 때에도 아이의 말에 맞장구를 쳐 줍니다.

초등학교 사회 교과서에는 무엇이 있을까?

 **말하기 2**

■ 다음 대화를 듣고 이야기해 봅시다.

역사적인 인물에 대해 말하기

훈민: 누나, 나 오늘 수업 시간에 한국 위인들에 대해서 배웠어.

정음: 그래? 누구에 대해서 배웠는데?

훈민: 세종대왕이랑, 장영실, 또 신사임당, 유관순…….

엄마: 우리 훈민이가 오늘 아주 재미있었나 보네. 누나에게 자랑하는 걸 보니.

훈민: 네, 아주 재미있었어요.

엄마: 어떤 점이 그렇게 재미있었어?

훈민: 새로운 것을 많이 알았어요. 저는 세종대왕이 한글만 만드신 분인줄 알았거든요. 그런데 오늘 수업 시간에 들으니까 과학 기술 발전에도 앞장서셨던 분이래요.

엄마: 그렇구나.

훈민: 그리고 장영실은 발명을 진짜 많이 하셨던 분이래요. 세계에서 처음으로 측우기를 발명했대요.

엄마: 세계 최초라고? 그건 엄마도 처음 알았네.

정음: 맞아, 나도 1학년 때 배웠어.

엄마: 또 어떤 분에 대해서 공부했니?

훈민: 유관순 열사는 한국이 일본의 지배를 받았을 때 만세운동을 했던 분이라고 배웠어요. 그리고 또 신사임당은…….

엄마: 우리 훈민이가 위인들에 대해서 관심이 아주 많은가 보다. 그럼 우리 주말에 도서관에 가서 같이 위인전을 빌려 볼까?

-었던

▶ 과거의 행위나 상태가 더 이상 지속되지 않는 것을 표현할 때 사용한다.

- 고향에서 먹었던 음식이 먹고 싶어요.
- 어렸을 때 키가 작았던 철수가 지금은 키가 아주 크다.

 **함께 이야기해 봅시다.**

(1) 여러분이 알고 있는 한국의 역사적인 인물 중에는 누가 있습니까? 선생님의 이야기를 듣고, 그 사람이 어떤 사람인지 '-었던'를 활용해서 이야기해 봅시다.

대한민국

역사적인 인물:

이유:

(2) '-었던'을 활용하여 여러분 고향의 역사적인 인물에 대해서 이야기해 봅시다.

역사적인 인물:

이유:

 **말하기 3**

■ 다음 대화를 듣고 이야기해 봅시다.

아이가 했던 말을 확인하기

엄마: 명랑아, 너 아직도 게임하고 있니?

명랑: 어, 엄마, 5분만, 5분만 더 할게요.

엄마: 명랑이 아까 엄마하고 약속했잖아. 6시까지만 게임한다면서?

명랑: 엄마. 진짜 딱 5분만 더 할게요.

엄마: 안 돼. 너 오늘 숙제도 많다면서?

명랑: 아니에요, 숙제는 금방 할 수 있어요. 그러니까 5분만 더 할 게요.

엄마: 아까는 그렇게 얘기 안 했잖니? 그리고 오늘 책도 읽고 감상문도 쓴다면서?

명랑: 게임 조금만 더 하고 다 할 거예요.

엄마: 너 저번에도 엄마하고 약속했는데. 게임은 정해진 시간만 하겠다고. 엄마랑 한 약속을 안 지킬 거야? 엄마가 명랑이한테 실망할 것 같은데?

명랑: 아, 엄마, 조금만……

엄마: 이제 게임 그만하고 컴퓨터 꺼라.

명랑: 엄마, 진짜 안 돼요?

엄마: 이명랑! 엄마 이제 화낼 거야.

명랑: 알겠어요. 끌게요.

-는다면서(요)? / 이라면서(요)?
▶ 들은 말을 다시 확인할 때 사용한다.

- 한나 씨가 다음 달에 결혼한다면서요?
- 오늘은 꼭 일찍 일어난다면서?
- 오늘이 생일이라면서요?

 **함께 이야기해 봅시다.**

오늘 학교에서 있었던 일 때문에 선생님에게서 전화를 받았습니다. 학교에서 돌아온 아이에게 확인하는 표현을 사용하여 물어보십시오.

(1) **선행상을 받았다:** 오늘 선행상을 받았다면서? 어떤 좋은 일을 했는지 궁금한데?

(2) **배가 아팠다:**

(3) **친구와 싸웠다:**

(4) **시험을 봤다:**

(5) **준비물을 안 가져갔다:**

(6) **벌을 받았다:**

(7) **급식을 안 먹었다:**

초등학교 사회 교과서에는 무엇이 있을까?

초등학교 수학·과학 교과서에는 무엇이 있을까?

▶ 이 단원의 학습 목표

1. 초등학교 수학·과학 과목에서 배우는 주요 개념과 용어를 이해할 수 있다.
2. 초등학교 수학·과학 과목의 주요 활동을 이해하여 아이의 학습을 도울 수 있다.

▶ 이 단원의 학습 내용

- 우리 아이들이 수학·과학 과목에서 공부하는 내용은 무엇일까요?
- 수학·과학 과목의 교육 목표와 주요 활동은 무엇일까요?
- 엄마는 아이의 수학·과학 과목 학습을 어떻게 도울 수 있을까요?

■ 초등학교 수학·과학 교과서에는 무슨 내용이 있는지 알아봅시다.

초등학교 2학년 2학기 『수학』

초등학교 2학년 2학기 『슬기로운 생활』

(1) 『수학』에서 공부하는 내용은 무엇과 관련이 있습니까?

① 자연
② 언어
③ 수와 셈
④ 예절, 규칙
⑤ 노래, 그림

(2) 2학년 2학기 『수학』에서 배우는 것과 관련이 없는 것을 고르십시오.

① 곱셈
② 길이
③ 계절
④ 그래프

(3) 2학년 2학기 『슬기로운 생활』에서 배우는 것과 관련이 없는 것을 고르십시오.

① 노랫말 짓기
② 계획 세우기
③ 동식물의 낮과 밤
④ 그림자가 생기는 까닭

▶ 읽고 요약하기

■ 초등학교에서 공부하는 과학 과목의 내용을 알아봅시다.

과학 과목은 1, 2학년과 3학년 이후의 내용이 조금 다릅니다. 1~2학년에서 과학 과목은 '슬기로운 생활'에 포함되어 있습니다. 슬기로운 생활에서는 과학에 관한 것과 생활에 관한 것을 함께 다룹니다. 3학년부터는 '과학'이라는 독립적인 과목을 공부하게 되어 있습니다.

과학 과목은 크게 물리, 화학, 생물, 지구과학의 네 부분으로 나뉩니다. 물리는 크기, 길이, 무게, 속도, 힘 등의 물질의 성질에 관한 것을 말합니다. 화학은 물질의 성분과 변화에 관한 것을 다룹니다. 생물은 식물, 동물의 조직과 기능에 대해서, 지구과학은 지구와 우주에 대해서 공부합니다. 초등학교에서는 이러한 내용을 모두 '과학'이라는 하나의 과목으로 학습하고 중·고등학교에서는 각 영역별로 보다 세부적인 내용을 공부하게 됩니다.

과학 과목은 물질, 자연, 우주에 관한 지식을 습득하고 이러한 지식을 활용하여 물리, 자연현상을 과학적으로 이해하고 탐구하는 능력을 키우는 것을 목표로 합니다. 이러한 목표를 달성하기 위해서 물질과 자연을 관찰하고 실험을 합니다. 또한, 관찰과 실험한 것을 기록하고 정리하여 이론으로 만드는 방법을 배우게 됩니다.

(1) 각 단락의 중심 생각을 담고 있는 부분을 찾아서 밑줄을 그어 보세요.

(2) 빈칸을 채워서 요약 글을 완성하세요.

과학 과목은 1, 2학년과 3학년 이후의 ___________이 조금 다르다. 과학 과목의 내용은 물리, 화학, ___________, ___________의 네 부분으로 구성되어 있다. 과학 과목은 물질, 자연, ___________에 관한 지식을 활용하여 물리, 자연현상을 ___________으로 이해하고 탐구하는 것을 목표로 한다.

■ 수학·과학 과목은 어떻게 공부하는 것이 좋을까요?

수학은 이전에 배운 내용을 다음 단계에서 잘 활용하는 것이 무엇보다 중요한 과목입니다. 만약, 아이가 기본적인 셈을 하지 못하면 더 복잡한 수학 개념과 용어를 이해하는 것도 불가능하게 됩니다. 따라서 초등학교 저학년에서부터 아이가 과목의 주요 내용을 잘 이해하고 활용할 수 있는지를 꾸준히 확인하는 것이 중요합니다. 특히, 초등학교 저학년에서는 덧셈, 뺄셈, 곱셈, 나눗셈의 기본 셈을 잘할 수 있도록 지도해야 합니다.

아이가 과학을 무조건 어려운 과목으로 인식하지 않고 흥미와 재미를 느낄 수 있게 도와 주는 것이 중요합니다. 과학 과목에서는 고학년이 될수록 눈으로 관찰할 수 없는 현상을 많이 다루게 되고 복잡하고 어려운 개념들도 자주 소개됩니다. 그래서 아이들이 학습하면서 어렵다고 생각할 수 있는 과목입니다. 그러나 눈에 보이지 않는 현상을 마치 눈에 보이는 것처럼 보여 주는 책이나 인터넷 사이트, 방송 프로그램 등을 이용하면 학습의 어려움을 줄일 수 있습니다. 아이가 일상에서 관찰할 수 있는 여러 자연 현상들에 호기심을 가질 수 있도록 이와 관련된 이야기를 많이 나누는 것도 아이의 학습에 도움을 줄 수 있는 좋은 방법입니다.

(1) 수학 과목의 학습에서는 무엇이 중요합니까?

(2) 아이가 과학 과목을 어렵지 않고 재미있게 느낄 수 있도록 하는 방법에는 어떤 것이 있을까요?

(3) 일상에서 관찰할 수 있는 자연 현상에는 무엇이 있습니까?

초등학교 수학·과학 교과서에는 무엇이 있을까?

읽고 배워 보기

■ 다음은 『수학』과 『슬기로운 생활』에 나오는 지시문입니다. 어떤 내용인지 알아봅시다.

수학

1. 690과 230을 수직선에 표시하시오.
2. 십 단위 모형 3개를 덜어 내시오.
3. 합을 구하시오.
4. 차를 구하시오.
5. 선생님 책상의 가로 길이를 재어 봅시다.
6. 1m의 길이를 어림하여 봅시다.
7. ㉠에서 ㉡까지의 거리를 구하시오.
8. 테이프 3개를 이으면 전체 길이는 몇 m(미터) 몇 cm(센티미터)가 됩니까?
9. 십 단위 모형 하나를 낱개 모형 10개로 바꾸시오.
10. 문제에 알맞은 식을 쓰고 답을 구하시오.
11. 똑같이 나누어진 도형을 찾아봅시다.
12. 주어진 분수만큼 색칠하여 보시오.
13. 우리 반 학생들이 태어난 달을 조사하여 그래프로 나타내어 봅시다.
14. 위에서 조사한 것을 보고 다음 표를 완성해 보시오.
15. 처음에 놀이터에 있던 어린이들이 몇 명인지 거꾸로 생각하여 알아보시오.

슬기로운 생활

1. 동물과 식물의 낮의 모습을 자세히 살펴보세요.
2. 양달과 응달의 차이점을 조사하여 발표해 봅시다.
3. 예를 찾아봅시다.
4. 어떻게 달라지는지 살펴보세요.

5. 그림자가 생기는 까닭을 알아봅시다.

6. 우리가 먹는 음식을 계절에 따라 나누어 보세요.

7. 책에서 찾아보기

8. 인터넷에서 검색하기

9. 어른들께 여쭈어 보기

10. 가게 놀이 계획을 세워 봅시다.

11. 모둠별로 해야 할 일을 정하여 보세요.

12. 가게 놀이에 필요한 것을 의논하여 써 보세요.

13. 가장 기억에 남는 일 다섯 가지를 뽑아 보세요.

14. 우리 반 행사 신문을 만들어 보세요.

15. 보람찬 겨울 방학을 위해서 하고 싶은 일이 무엇인지 알아봅시다.

(1) 모르는 말에 표시를 하고 뜻을 찾아봅시다.

(2) 1번부터 15번까지의 각 활동이 어떤 것일지 생각해 보고 함께 이야기해 봅시다.

▶ 쓰기

■ 앞에서 배운 표현을 활용하여 다음 문장을 완성해 봅시다.

(1) 그 상자의 가로 길이는 30cm이고 (　　　　　) 길이는 50cm이다.

(2) 공책에 삼각형, 사각형, 마름모 등의 (　　　　　)이 그려져 있었다.

(3) 수를 (　　　　　) 보니 대충 100개는 되는 것 같았다.

(4) 10과 20의 (　　　　　)은 30이다.

(5) 점과 점을 (　　　　　) 선이 된다.

(6) 상자 안에는 비누가 (　　　　　)로 포장되어 들어 있었다.

(7) 그는 오던 길을 (　　　　　) 되돌아가면서 잃어버린 물건을 찾고 있었다.

(8) 요즘에는 많은 사람들이 인터넷을 (　　　　　) 원하는 정보를 찾는다.

(9) 오랜만에 어른께 인사를 (　　　　　).

(10) 학생들은 다섯 명씩 (　　　　　)으로 앉아 있었다.

(11) 아이는 그 일을 가장 기억에 남는 일로 (　　　　　).

(12) 어머니는 소풍, 운동회 등 아이의 학교 (　　　　　)에 빠짐없이 참석했다.

(13) 다른 사람에게 도움이 되었으니 (　　　　　) 일을 한 것이다.

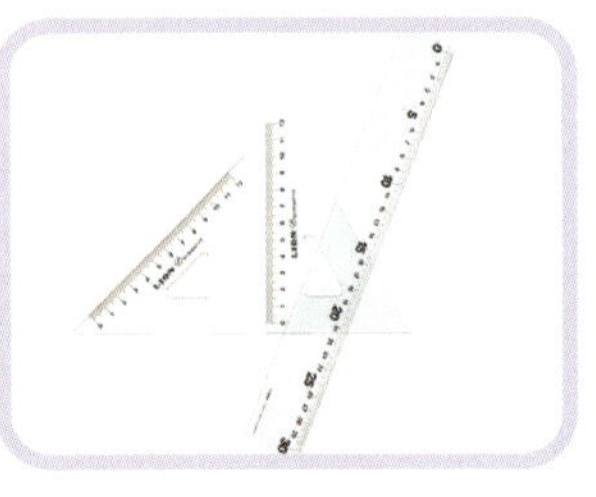 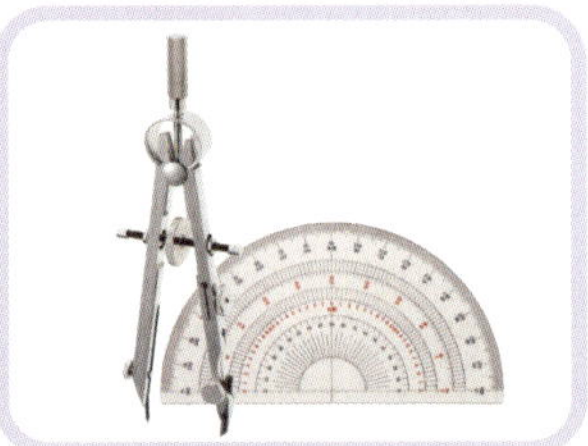 

■ 다음 표현으로 문장을 만들어 봅시다.

가로/세로, 도형, 어림하다, 합/차, 잇다, 낱개, 거꾸로, 검색하다, 여쭙다
모둠, 뽑다, 행사, 보람차다

초등학교 수학·과학 교과서에는 무엇이 있을까?

▶ 말하기 1

■ 다음 대화를 듣고 이야기해 봅시다.

결과 말하기

명랑: 엄마, 저 숙제 좀 도와 주세요.

엄마: 그래, 어디 보자. 우리 명랑이가 수학 문제를 풀고 있구나.

명랑: 네. 학교에서 선생님하고 할 때는 잘 풀렸는데, 혼자 하려니까 잘 안 돼요.

엄마: 수학 문제를 풀 때는 우선 문제를 잘 읽어 봐야지. 어디 볼까? "진희가 우표 7장을 친구에게 주고 9장을 새로 샀더니 92장이 되었습니다. 진희가 처음에 가지고 있던 우표는 몇 장입니까?"

명랑: 문제가 너무 복잡하고 길어요.

엄마: 하나씩 차근차근 생각하면 돼. 명랑아, 우리가 알아야 하는 게 뭐지?

명랑: 진희가 처음에 가지고 있던 우표요.

엄마: 맞아, 그런데 우리는 몇 장이었는지 모르니까 거꾸로 생각해 보자. 9장을 새로 샀어. 거꾸로 생각하면 92에서 9를 빼면 되겠네?

명랑: 아, 맞다. 그리고 친구에게 7장을 준 것을 거꾸로 생각하면 7장을 더하면 되겠네요.

엄마: 맞아, 잘했어.

명랑: 그러면 92 빼기 9, 더하기 7을 하면 90이에요.

엄마: 그렇네. 우리 명랑이 잘하네. 다음 문제는 뭐야? 명랑이가 읽어 보자.

명랑: "형중이가 친구에게 색종이 3장을 주고 선생님께 5장을 받았더니 모두 12장이 되었습니다. 형중이가 처음에 가지고 있던 색종이는 몇 장입니까?"

-었더니

▶ 그 일의 결과로 어떤 일이 일어났을 때 사용한다.

- 어제 잠을 잘 못 잤더니 하루 종일 피곤해요.
- 점심을 너무 많이 먹었더니 계속 졸리네요.

함께 이야기해 봅시다.

그림을 보고 다음처럼 이야기해 봅시다.

가방에 공책 2권과 공책 3권을 넣었더니 5권이 되었어요.

연필이 5자루 있었는데 친구에게 ___________

____

____

시장에서 사과 ______________________________

____

____

▶ 말하기 2

■ 다음 대화를 듣고 이야기해 봅시다.

수업 시간에 배운 것을 물어보기

엄마: 훈민아, 이게 뭐야?

훈민: 아, 그거요? 그림자 길이를 그린 거예요.

엄마: 응? 그림자 길이?

훈민: 시간에 따라서 그림자 길이가 어떻게 달라지는지 그린 거예요.

엄마: 그렇구나. 이건 오전 9시, 이건 낮 12시, 이건 오후 2시에 그린 거구나.

훈민: 네. 그림자 길이랑 방향이 시간마다 달라져요. 그리고 그림자가 왜 생기는 지도 배웠어요.

엄마: 그래? 그림자가 왜 생기는데?

훈민: 빛이 물건을 통과하지 못하면 그림자가 생기는 거예요.

엄마: 그렇구나. 훈민이가 재미있는 것을 배웠네?

훈민: 더 재미있는 것도 배웠어요.

엄마: 응? 그게 뭔데?

훈민: 손으로 그림자 만드는 거요. 손으로 새도 만들고, 개도 만들고 그랬어요. 그리고 다음 주에는 그림자 연극도 할 거예요.

엄마: 와! 그림자 연극 정말 재미있겠다. 엄마도 보고 싶네.

훈민: 제가 연습 많이 해서 나중에 엄마한테 꼭 보여 줄게요.

엄마: 그래, 나중에 꼭 보여 줘야 해. 그런데 그 연극은 무슨 이야기야?

훈민: 염소가 다리를 건너거든요. 그런데 다른 편에서 또 다른 염소가 다리를 건 너려고 오고 있는 거예요. (…)

-은/는/을지
▶ 막연한 의문을 나타낼 때 사용한다.

- 그 사람 성격이 어떤지 궁금하다.
- 그 사람을 어디에서 보았는지가 도무지 생각이 나지 않았다.
- 물건이 너무 많아서 무엇을 골라야 할지 고민이에요.

함께 이야기해 봅시다.

다음처럼 친구들에게 궁금한 내용을 말해 봅시다.

아이들 중에 누가 제일 예쁜지 물어보고 싶어요.
영희가 수학을 참 잘한대요. 영희가 수학을 어떻게 공부하는지 물어보고 싶어요.
명진이가 축구를 참 잘한대요. 명진이가 어디에서 축구를 배우는지 궁금해요.

초등학교 수학·과학 교과서에는 무엇이 있을까?

▶ 말하기 3

■ 다음 대화를 듣고 이야기해 봅시다.

아이를 격려하기

엄마: 정음이 표정이 왜 그러니? 학교에서 무슨 일이 있었어?

정음: 오늘 수업에서 수학 문제를 잘 못 풀었어요.

엄마: 그랬어?

정음: 네. 수학이 너무 어려워서 잘 못하겠어요. 수학 공부하기가 싫어요.

엄마: 수학이 아무리 어렵더라도 열심히 공부하면 잘할 수 있을 거야. 지금 수학 공부를 안 하면 중학교, 고등학교에 가서는 어떻게 하려고 해?

정음: 몰라요. 수학이 싫어요.

엄마: 정음이는 수의사가 되고 싶다면서? 수의사가 되려면 수학 공부를 잘해야 한다고 하던데.

정음: 정말요? 그럼 나 수의사 못하겠다.

엄마: 그렇게 쉽게 꿈을 포기하면 어떡하니? 힘들더라도 노력해 봐야지.

정음: 수학이 점점 더 어려워지는데 어떡해요?

엄마: 아직은 괜찮아. 그러지 말고 고모한테 한번 이야기해 보자.

정음: 고모한테?

엄마: 그래, 고모는 학교 다닐 때 수학을 잘했다고 하니까 고모랑 의논해 보자.

정음: 엄마, 우리 고모한테 얼른 전화 드려 봐요.

−더라도

▶상황을 인정할 때 사용한다.

- 가 : 정말 미안해요. 너무 바빠서 약속을 잊어버렸어요.
- 나 : 아무리 바쁘더라도 약속은 지켜야지요.

▶가정하여 말할 때 사용한다.

- 늦더라도 꼭 와야 해. 네가 올 때까지 기다릴게.

 **함께 이야기해 봅시다.**

다음처럼 다른 사람을 격려해 봅시다.

①

친구가 아이의 체중문제로 고민을 하고 있습니다. 또래에 비해 키는 크지 않은데 체중이 너무 많이 나갑니다. 같이 운동도 하고 먹는 것도 조절하지만 잘 되지 않는 것 같아 걱정입니다. 친구가 포기하지 않도록 친구를 격려해 주세요.

- 힘들더라도 포기하지 마세요. 조금만 더 노력하면 좋은 결과가 생길 거예요.

-

②

아이가 수업시간에 앞에 나가서 발표하는 것을 어려워합니다. 준비는 잘했지만 앞에만 나가면 모든 것이 생각나지 않는다고 합니다. 아이가 용기를 갖고 노력할 수 있도록 아이를 격려해 주세요.

-

-

③

아이가 며칠 전에 친구와 싸웠습니다. 친구들과 사이좋게 지내도록 하고 싶습니다. 아이가 친구와 화해를 하도록 이야기해 주세요.

-

-

초등학교 수학·과학 교과서에는 무엇이 있을까?

초등학교 예체능 교과서에는 무엇이 있을까?

▶ 이 단원의 학습 목표

1. 초등학교 예체능 과목에서 배우는 주요 개념과 용어를 이해할 수 있다.
2. 초등학교 예체능 과목의 주요 활동을 이해하여 아이의 학습을 도울 수 있다.

▶ 이 단원의 학습 내용

- 우리 아이들이 예체능 과목에서 공부하는 내용은 무엇일까요?
- 예체능 과목의 교육 목표와 주요 활동은 무엇일까요?
- 엄마는 아이의 예체능 과목 학습을 어떻게 도울 수 있을까요?

읽고 대답하기

■ 초등학교 예체능 교과서에서 무슨 내용 다루고 있는지 알아봅시다.

2010년, 2학년 2학기, 『즐거운 생활』

'즐거운 생활'은 놀이와 표현 활동을 통하여 즐거움을 체험하는 교과입니다.

'즐거운 생활' 교과를 통하여 다음을 배울 수 있습니다.

■ 건강한 몸과 마음을 기를 수 있습니다.
■ 느낌과 생각을 창의적으로 표현할 수 있습니다.
■ 다양한 아름다움을 느낄 수 있습니다.

(1) 『즐거운 생활』에서 공부하는 내용은 무엇과 관련이 있습니까?

① 자연
② 언어
③ 수와 셈
④ 예절, 규칙
⑤ 노래, 그림

(2) 다음 중 2학년 2학기 『즐거운 생활』에서 배우는 것과 관련이 <u>없는</u> 것을 고르십시오.

① 만화
② 예절
③ 연극
④ 소리

(3) 이 과목에 『즐거운 생활』이라는 제목을 붙인 이유를 생각해 봅시다.

읽고 요약하기

■ 초등학교에서 공부하는 예체능 과목의 내용을 알아봅시다.

예체능은 음악, 미술, 체육 과목을 말합니다. 초등학교 저학년에서는 '즐거운 생활'이라는 이름으로 음악, 미술, 체육 과목을 함께 다루고, 고학년이 되면 음악과 미술은 '예술'이라는 이름으로 함께 공부하고 체육 과목은 따로 공부하게 됩니다.

'즐거운 생활'은 놀이와 표현을 중심으로 구성되어 있습니다. 이 과목에서 학생들이 자주 하는 활동은 시나 노래를 듣고 그림이나 몸으로 표현하기, 노래하기, 악기 연주하기, 색칠하기, 만들고 그리기, 노래나 그림 감상하기, 놀이하기 등입니다. 아이들은 직접 노래하고, 그리고, 만들고, 몸을 움직이는 활동을 통해서 자신의 느낌과 생각을 표현하게 됩니다.

고학년이 되면 음악, 미술, 체육 교과의 지식적인 측면도 함께 공부합니다. 예를 들면 노래하거나 연주하기 위해서 악보를 읽는 방법을 배웁니다. 그림이나 조각에 쓰이는 재료나 표현 기법을 알고, 운동의 규칙과 방법을 학습하기도 합니다.

예체능 교과의 주요 목표는 지식 학습과 체험 활동을 통해서 아이들의 창의력을 기르는 것입니다. 아이들은 음악, 미술, 체육을 몸으로 직접 경험하고 이와 관련된 지식을 배우면서 창의적인 생각을 키우게 됩니다.

(1) 각 단락의 중심 생각을 담고 있는 부분을 찾아서 밑줄을 그어 보세요.

(2) 빈칸을 채워서 요약 글을 완성하세요.

예체능 교과는 음악, ___________, 체육 교과를 함께 이르는 말이다. 즐거운 생활의 주요 활동은 ___________와 표현이다. 고학년이 되면 예체능 교과의 ___________인 측면도 함께 공부하게 된다. 이러한 활동을 통해 아이들의 ___________을 기르는 것이 예체능 교과의 주요 목표이다.

■ 예체능 과목은 어떻게 공부하는 것이 좋을까요?

예체능 과목의 주요 활동은 '놀이와 표현'입니다. 따라서 아이들이 마음껏 자신의 느낌과 생각을 표현하고 몸을 움직여 보는 것이 중요합니다. 어른들이 보기에는 아이들의 표현과 움직임이 서투르고 유치해 보일 수도 있습니다. 하지만 아이가 그린 그림의 모양과 색깔이 어색하다고 해서 엄마가 나서서 그림을 고쳐 주는 것은 좋지 않습니다. 아이는 자기가 느끼고 생각하는 것을 마음대로 표현할 기회를 잃게 되기 때문입니다. 자기의 느낌과 생각을 표현하는 것을 꺼려하게 되지 않도록 아이들의 느낌, 생각, 표현을 있는 그대로 인정해 주는 태도가 중요합니다.

예체능 교과에서는 한국의 전통 악기와 놀이가 자주 나옵니다. 예를 들어 2학년 2학기 『즐거운 생활』에서는 팽이 놀이, 사물놀이, 태권무, 소고 춤, 비사치기, 민속놀이 등을 다루고 있습니다. 엄마가 이러한 것들을 모두 알 필요는 없지만 아이의 학교생활과 학습을 도와주려면 어느 정도는 알아두는 것이 좋습니다. 엄마가 무엇을 알고 있는가보다 더 중요한 것은 아이의 학습을 함께 하려고 하는 자세입니다. 모르는 것을 그냥 넘어가거나 피하지 말고 아이와 함께 공부해 가는 것이 아이에게 더 좋은 영향을 줄 수 있습니다.

(1) 아이의 예체능 과목 학습을 위해서는 엄마가 어떤 태도를 가지는 것이 좋습니까?

(2) 이 글의 주장에 대해서 여러분은 어떻게 생각합니까? 함께 이야기해 보세요.

읽고 배워 보기

■ 다음은 예체능 과목에서 자주 나오는 지시문입니다. 어떤 내용인지 배워 봅시다.

1. 느낌을 어떻게 나타낼까요?
2. 느낌을 리듬 악기로 나타내어 봅시다.
3. 느낌을 살려 걷고 뛰어 봅시다.
4. 노랫말을 생각하며 불러 봅시다.
5. 노랫말의 느낌을 살려 실로폰을 연주하여 보세요.
6. 여러 가지 표정을 그려 봅시다.
7. 놀이를 하여 봅시다.
8. 노랫말에 어울리는 몸동작을 하여 보세요.
9. 노랫말을 듣고 떠오르는 장면을 그려 보세요.
10. 친구들이 표현한 작품을 감상하여 보세요.
11. 인상 깊었던 장면을 그려 봅시다.
12. 주제곡을 들어 봅시다.
13. 노래에 어울리게 움직여 보세요.
14. 감상하고 느낀 점을 이야기하여 보세요.
15. 한복을 예쁘게 색칠하여 보세요.
16. 여러 가지 모양을 꾸며 보세요.
17. 장단을 흥겹게 쳐 보세요.
18. 친구들과 함께 민속놀이 장면을 그려 봅시다.
19. 주변의 재료를 이용하여 꾸며 보세요.
20. 느낌을 실감나게 표현한 부분은 어디인가요?
21. 가장 마음에 드는 점은 무엇인가요?
22. 리듬 악기로 연주하면서 노래를 불러 보세요.
23. 높은 소리와 낮은 소리를 구별하여 보세요.
24. 몸으로 나타내 보세요.

25. 음악의 느낌을 점, 선, 면으로 나타내어 봅시다.
26. 리듬과 가락에 맞추어 놀이를 하여 봅시다.
27. 무대 배경을 꾸며 봅시다.
28. 등장인물의 의상과 소품을 만들어 봅시다.
29. 노래를 부르며 리듬 합주를 하여 봅시다.
30. 전래 동요를 불러 봅시다.

(1) 모르는 말에 표시를 하고 뜻을 찾아봅시다.

(2) 1번부터 30번까지의 각 활동이 어떤 것일지 생각해 보고 함께 이야기해 봅시다.

쓰기

■ 앞에서 배운 표현을 활용하여 다음 문장을 완성해 봅시다.

(1) 초등학교에서는 캐스터네츠, 트라이앵글, 작은북, 탬버린 등의 (　　　　) 를 자주 쓴다.

(2) 그 노래를 만든 사람은 영화를 보고 떠오른 느낌을 (　　　　　　)로 썼 다고 한다.

(3) 그 그림은 강렬한 색깔이 (　　　　　　) 작품이다.

(4) 그 노래를 들으니 예전 학창 시절이 (　　　　　　).

(5) 여러 사람이 함께 노래를 부르니 분위기가 (　　　　　　).

(6) 민요를 부를 때는 대개 장구로 (　　　　　　)을 친다.

(7) 드라마에서 주인공이 죽는 (　　　　　)이 너무 슬퍼서 눈물이 나왔다.

(8) 제기차기는 한국의 대표적인 (　　　　　　)이다.

(9) 그 화가는 흙과 모래 등 자연적인 (　　　　　　)로 작품을 만든다.

(10) 연주자는 느린 장단과 (　　　　　　)으로 외로운 마음을 노래했다.

(11) 그 영화는 동해안의 바닷가를 (　　　　　　)으로 한다.

(12) 아이들 여럿이서 리코더로 '즐거운 우리 집'을 (　　　　　　).

(13) (　　　　　　)는 옛날부터 지금까지 전해지는 아이들의 노래이다.

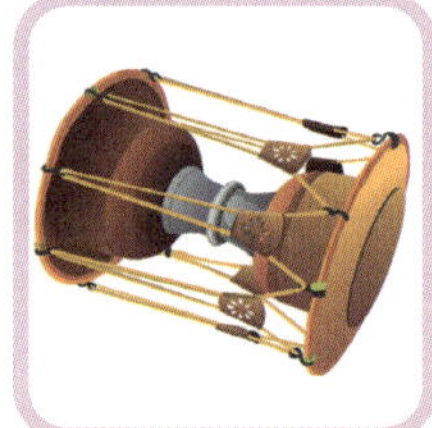

■ 다음 표현으로 문장을 만들어 봅시다.

▶ 말하기 1

■ 다음 대화를 듣고 이야기해 봅시다.

아이에게 부탁의 이유 말하기

훈민: 엄마, 우리 내일 학교에서 연극해요.

엄마: 응? 연극? 무슨 연극인데?

훈민: '팥죽 할머니와 호랑이'요.

정음: 나도 옛날에 했었는데. 나는 알밤 역할이었어.

엄마: 그래? 우리 훈민이는 무슨 역할을 맡았어?

훈민: 저는 호랑이예요. 어흥~!

정음: 하하. 호랑이는 더 무섭게 표현해야지. 몸동작을 더 크게 해 봐.

훈민: 이렇게요? 어~흥!

엄마·정음: 하하하.

엄마: 그런데 '팥죽 할머니와 호랑이'가 무슨 이야기니? 엄마는 잘 모르겠는데.

정음: 호랑이가 할머니를 잡아먹으려고 했는데 알밤, 송곳, 멍석, 지게가 할머니를 도와줘서 할머니가 호랑이한테 안 잡아먹힌다는 이야기예요.

훈민: 맞아. 알밤이랑 송곳, 멍석, 지게가 호랑이를 막 혼내 줘. 그래서 팥죽 할머니가 걱정 없이 잘 산대.

엄마: 그래? 참 재미있는 이야기네. 우리 훈민이가 잘 해야 할 텐데. 정음아, 훈민이가 잘할 수 있게 네가 연습을 좀 도와주면 어떻겠니?

훈민: 그래, 누나, 나랑 연습하자.

정음: 좋아.

-게

▶ 행위의 목적이나 기준을 말할 때 사용한다.

- 지나갈 수 있게 좀 비켜 주세요.
- 모두가 먹을 수 있게 많이 만들어야 해요.

 **함께 이야기해 봅시다.**

아이에게 부탁하는 일의 이유를 생각해 보고 문장을 완성해서 말해 봅시다.

> 늦지 않게 빨리 준비하자.

(1) ________________________________ 천천히 말해 줄래?

(2) ________________________________ 다시 한 번 이야기해 줄래?

(3) ________________________________ 큰 목소리로 이야기해 줘.

(4) 잘 모르겠어. ________________________________ 다시 설명해 줘.

(5) 동생이 ________________________________ 조용히 놀아야지.

초등학교 예체능 교과서에는 무엇이 있을까?

▶ 말하기 2

■ 다음 대화를 듣고 이야기해 봅시다.

아이의 상황을 추측해서 표현하기

엄마: 명랑아, 뭐 하니?

명랑: 오늘 즐거운 생활 시간에 소고 치는 것을 배웠어요. 갑자기 생각이 나서 한번 해 봤어요.

아빠: 집에서도 계속 하는 걸 보니까 우리 명랑이가 정말 재미있는 모양이네.

명랑: 네. 운동장에서 선생님하고 친구들이랑 같이 동그랗게 서서 노래를 하면서 소고를 쳤어요.

엄마: 그렇구나. 여보, 그런데 소고가 뭐예요? 북 같은 건가요?

아빠: 당신은 본 적이 없는 모양이네? 명랑아, 소고 안 가져 왔니? 엄마한테 보여 드려라.

명랑: 어? 소고는 학교에 있는데. 선생님께서 하나씩 나눠 주셨어요. 엄마, 그럼 우리 인터넷으로 찾아봐요.

아빠: 그래, 그게 좋겠다.

　　(엄마, 아빠, 명랑이가 함께 인터넷으로 소고를 찾아봅니다.)

엄마: 아, 이게 소고라는 거구나.

아빠: 어? 여기, 소고춤도 있네. 우리 한번 같이 볼까요?

　　(엄마, 아빠, 명랑이가 함께 인터넷으로 소고춤을 봅니다.)

명랑: 아하! 이게 소고춤이라고 하는 거구나. 신난다.

엄마: 그래, 장단이 정말 신나네.

명랑: 내일 학교에 가서 친구들한테 인터넷으로 소고춤을 보여 줄 거예요. 우리도 저렇게 소고를 칠 수 있으면 좋겠어요.

-은/는/을 모양이다

▶ 단서가 되는 정보를 이용하여 추측할 때 사용한다.

- 자꾸 기침하는 것을 보니 감기에 걸린 모양이야.
- 표정이 밝은 것을 보니 좋은 일이 있는 모양이다.
- 날씨가 흐리네요. 비가 올 모양이에요.

 **함께 이야기해 봅시다.**

다음의 상황을 보고 어떤 일이 있었는지 추측하여 말해 봅시다.

(1) 선생님께서 아이에 대해서 칭찬을 많이 합니다.

(2) 아이의 머리에 손을 대 보니 열이 있습니다.

(3) 아이가 두 시간 동안 계속 책을 봅니다.

(4) 아이가 학교에서 돌아올 시간이 되었는데 아직 안 옵니다.

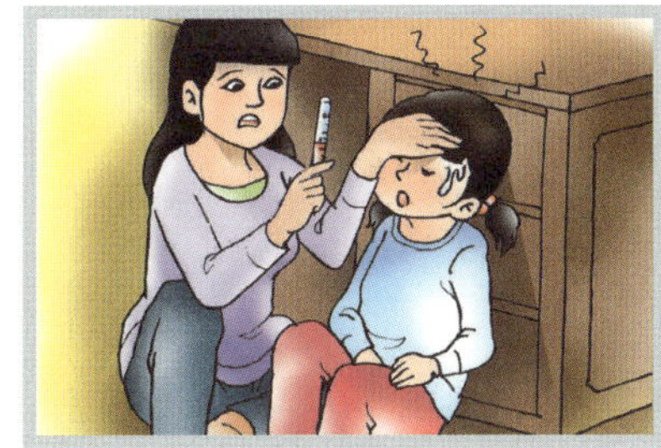

 **말하기 3**

■ 다음 대화를 듣고 이야기해 봅시다.

다른 행동을 하도록 지시하기

훈민: 엄마, 저 인형극 보고 싶어요.

엄마: 어? 갑자기 무슨 인형극?

훈민: 정말 재미있대요. 명랑이가 보고 와서 재미있다고 막 자랑했어요.

엄마: 그래서 훈민이도 보고 싶어졌구나. 무슨 인형극인데?

훈민: '선녀와 나무꾼'이라는 인형극이래요.

엄마: 그 이야기는 훈민이도 다 알잖아.

훈민: 그래도 인형극으로 본 적은 없잖아요. 정말 보고 싶어요.

엄마: 그래? 엄마도 한번 보고 싶기는 하다.

훈민: 그러니까 엄마, 우리 보러 가요.

엄마: 그런데 어디서 몇 시에 하는지 알아야 하잖아.

훈민: 명랑이한테 물어보면 되잖아요. 제가 전화해 볼게요.

엄마: 그럴래? 아니야. 그럴 게 아니라 엄마가 명랑이 엄마한테 직접 전화해 봐
야겠다. 엄마가 전화해서 물어볼 테니까 기다려 봐.

훈민: 네.

엄마: 아빠도 같이 보러 가자고 할까?

훈민: 와! 신난다.

−을 게(것이) 아니라

▶ 앞의 내용을 부정하면서 뒤의 내용을 강조할 때 사용한다.

• 계속 기다릴 게 아니라 전화라도 한번 해 보자.

• 이야기만 할 게 아니라 직접 한번 가 봅시다.

 **함께 이야기해 봅시다.**

다음 상황에서 여러분이 할 수 있는 말은 무엇입니까?

---

①

가족이 함께 여행을 가려고 합니다. 여행지에 대해서 남편과 이야기하고 있지만 잘 모르겠습니다.

- 이럴 게 아니라 인터넷으로 찾아보도록 합시다.

-

---

②

아이가 학교에서 돌아올 시간이 넘었는데 아직 오지 않았습니다. 어떻게 해야 할지 모르겠습니다.

-

-

---

③

아이가 감기에 걸려서 열이 많이 납니다. 어떻게 해야 할지 모르겠습니다.

-

-

1. 다음 단어의 뜻을 찾으십시오.

가. 배우다
나. 다시 생각하다
다. 위를 아래로 혹은 반대로
라. 더함
마. 뺌
바. 소리 내어서 읽다
사. 여러 개 중의 하나
아. 그대로 남겨 놓다
자. 목표를 위해 어떤 일을 하다
차. 연결하다

(1) 실천하다 _______________
(2) 익히다 _______________
(3) 되돌아보다 _______________
(4) 낭송하다 _______________
(5) 보존하다 _______________
(6) 거꾸로 _______________
(7) 합 _______________
(8) 차 _______________
(9) 잇다 _______________
(10) 낱개 _______________

2. 다음 문장에 공통으로 들어갈 단어를 고르십시오.

(1) (   )

얼굴 표정에는 마음이 잘 (   )지 않았습니다.
일기에는 자신의 감정이 (   )게 된다.

① 드러나다　　② 지니다　　③ 상상하다　　④ 떠오르다

(2) (   )

가난했던 어린 시절의 기억은 절약하고 (   )는 습관을 갖게 했다.
남편은 아내를 (   )는 마음으로 가득했다.

① 좋아하다　　② 아끼다　　③ 되돌아 보다　　④ 노력하다

(3) (   )

무슨 생각을 하는지 (   ) 수가 없었다.
양념을 (   ) 넣으면 음식 맛이 일정하지 않게 된다.

① 알다　　② 익히다　　③ 검색하다　　④ 어림하다

3. 단어를 찾아 쓰십시오. 그리고 단어를 사용하여
   아래 문장을 완성하십시오.

노	력	하	다	모	실	익	몸	짓
송	측	가	하	하	둠	스	이	음
하	면	로	락	존	주	장	단	미
전	도	세	보	노	목	면	두	배
래	연	로	이	랫	하	체	능	경
동	하	낭	재	말	그	얘	합	주
요	주	까	표	활	통	체	깨	다
노	직	닭	나	현	여	쯥	다	닫

장단,

(1) 노래에 맞춰 흥겹게 (장단)을 쳐 보세요.
(2) 어른께 옛날이야기를 (   )도록 하세요.
(3) 미술 수업은 3~5명으로 구성된 (   )을 만들어서 진행합니다.
(4) 그림자가 생기는 (   )을 알아봅시다.
(5) 영화에서 인상 깊었던 (   )은 음악과 함께 기억이 된다.
(6) (   )의 느낌을 살려 노래를 불러 봅니다.
(7) 선생님 책상의 (   )의 길이를 재어 봅시다.
(8) 그 연극은 조선시대를 (   )으로 하기 때문에 준비해야 하는
       의상과 소품이 꽤 많다.
(9) 전통음악과 현대음악은 리듬과 (   )이 매우 달라서 어울릴 것
       같지 않았다.
(10) 그러나 요즘 음악가들은 전통 음악과 현대 음악을 함께 사용한 새로운
       음악을 만들기 위해 (   )고 있다.
(11) 옛날부터 아이들이 불렀던 (   ) 중에는 재미있는 노래가 많다.

4. 알맞은 것을 골라 연결하십시오. 그리고 문장을 만드십시오.

(1) 느낌을   ㄱ. 다지다
(2) 마음을   ㄴ. 살리다
(3) 말을   ㄷ. 알아듣다

예) 시를 읽을 때는 느낌을 살려서 읽는 것이 중요하다

____

____

5. 다음 문법을 활용하여 대화를 완성하십시오.

-어야지(요)   -는다면서(요)?   -은/는/을 모양이다

①

가 : 여보, 8시밖에 안 됐는데 명랑이는 벌써 자요?
나 : 네, 오늘 체험 학습을 다녀와서 몹시 _________.(피곤하다)

②

가 : 소식 들었어요?
나 : 무슨 소식이요?
가 : 김 과장님이 이번 달에 회사를 _________?(그만두다)
나 : 아, 네, 가족 모두 인도로 가게 되었대요. 그래서 회사를
　　 다닐 수가 없대요.

③

가 : 학교 다녀왔습니다.
나 : 왜 이렇게 늦었니?
가 : 수업 끝나고 아이들과 내일 발표 준비를 했어요.
나 : 그럴 때는 먼저 엄마에게 _________.(전화하다) 집에서
　　 걱정을 하잖아.

6. 다음 문법을 활용하여 문장을 완성하십시오.

-게	-는다면	-기 위해서	-은/는/을지

(1) 우리 사회의 구성원들이 꼭 해야 하는 일과 해서는 안 되는 일, 개인과 사회가 더 바람직한 모습을 __________ 우리가 할 수 있는 일을 이해하고 실천할 수 있도록 합니다. (갖추다)

(2) 내가 예절, 도덕, 규칙을 지키지 않았을 때, 다른 사람 ________ 어떤 기분이나 느낌이 들지, 어떤 결과가 생길지 생각해 볼 수 있도록 합니다. (입장이다)

(3) 초등학교 저학년에서부터 아이가 과목의 주요 내용을 잘 이해하고 ________ 꾸준히 확인하는 것이 중요하다. (활용할 수 있다)

(4) 아이가 독서에 습관을 __________ 책에 대해서 꾸준히 이야기를 나누어 보세요. (들이다)

7. 다음 문법을 활용하여 한 문장을 만드십시오.

-었더니	-었던	-더라도	-는 대로	-을 게(것이) 아니라

(1) 부모가 하다 / 아이들은 따라 하기 마련입니다.

(2) 어릴 때 같은 학교에 다녔다 / 친구를 어제 우연히 지하철역에서 만났다.

(3) 창문을 열고 자다 / 여름이라도 감기에 걸리더군요.

(4) 시간이 늦다 / 숙제는 꼭 끝내고 자는 습관이 필요하다.

(5) 점심시간이 다 되었다 / 차를 마시다 / 밥을 먹으면서 이야기를 합시다.

1.

가. 배우다	바. 소리 내어서 읽다
나. 다시 생각하다	사. 여러 개 중의 하나
다. 위를 아래로 혹은 반대로	아. 그대로 남겨 놓다
라. 더함	자. 목표를 위해 어떤 일을 하다
마. 뺌	차. 연결하다

(1) 실천하다	자	(6) 거꾸로	다
(2) 익히다	가	(7) 합	라
(3) 되돌아보다	나	(8) 차	마
(4) 낭송하다	바	(9) 잇다	차
(5) 보존하다	아	(10) 날개	사

2. (1) ①　　　　(2) ②　　　　(3) ④

3.

노	력	하	다	모	실	익	몸	짓
송	측	가	하	하	둠	스	이	음
하	면	로	락	존	주	장	단	미
전	도	세	보	노	목	면	두	배
래	연	로	이	랫	하	체	능	경
동	하	낭	재	말	그	애	합	주
요	주	까	표	활	통	체	깨	다
노	직	닭	나	현	여	쭙	다	달

노력하다 / 전래동요 / 가로 · 세로 / 까닭 / 노랫말 / 모둠 / 장면 / 장단 / 몸짓 / 배경 / 합주 / 여쭙다

(1) 노래에 맞춰 흥겹게 장단을 쳐 보세요.

(2) 어른께 옛날이야기를 여쭙도록 하세요.

(3) 미술 수업은 3~5명으로 구성된 모둠을 만들어서 진행합니다.

(4) 그림자가 생기는 까닭을 알아봅시다.

(5) 영화에서 인상 깊었던 장면은 음악과 함께 기억이 된다.

(6) 노랫말의 느낌을 살려 노래를 불러 봅니다.

(7) 선생님 책상의 가로, 세로의 길이를 재어 봅시다.

(8) 그 연극은 조선시대를 배경으로 하기 때문에 준비해야 하는 의상과 소품이
    꽤 많다.

(9) 전통음악과 현대음악은 리듬과 가락이 매우 달라서 어울릴 것 같지 않았다.

(10) 그러나 요즘 음악가들은 전통 음악과 현대 음악을 함께 사용한 새로운 음악
     을 만들기 위해 노력하고 있다.

(11) 옛날부터 아이들이 불렀던 전래동요 중에는 재미있는 노래가 많다.

4. (1) 느낌을 살리다 : 시를 읽을 때는 느낌을 살려서 읽는 것이 중요하다

   (2) 마음을 다지다 :

   (3) 말을 알아듣다 :

5. (1) 피곤한 모양이에요

   (2) 그만둔다면서요?

   (3) 전화해야지

6. (1) 갖추기 위해서

   (2) 입장이라면

   (3) 활용할 수 있는지

   (4) 들이게

7. (1) 부모가 하는 대로 아이들은 따라 하기 마련이다.

   (2) 어릴 때 같은 학교에 다녔던 친구를 어제 우연히 지하철에서 만났어요.

   (3) 창문을 열고 잤더니 여름이라도 감기에 걸리더군요.

   (4) 시간이 늦더라도 숙제는 꼭 끝내고 자는 습관이 필요하다.

   (5) 점심시간이 다 되었는데 차를 마실 것이 아니라 밥을 먹으면서 이야기를
       합시다.

엄마는 우리 아이들을 어떻게 도울 수 있을까?

▶ 이 단원의 학습 목표

1. 자녀를 위해 학부모가 할 수 있는 일이 무엇인지 말할 수 있다.
2. 학교에서 필요한 서류를 작성할 수 있다.

▶ 이 단원의 학습 내용

■ 우리 아이의 학교생활을 위해 엄마가 도울 수 있는 일은 무엇일까요?

 **읽고 대답하기**

■ 알림장에는 어떤 내용이 있을까요?

10/8 월 - 아침독서 잘하기

1. 시간표: 읽기, 수학, 수학, 사회, 사회, 체육
2. 컴퓨터실 사용 안내장
3. 아침독서 시간에 조용히 하지 않을 학생은 8시 40분까지 등교하거나, 교실에 들어오지 않기
4. 학부모 서비스에 21명의 학부모가 가입함.
   • 아직 가입을 안 하신 10분도 빠짐없이 가입해 주세요.
5. 아무데나 쓰레기를 버리지 않기
6. 사물함, 책상서랍, 화분 정리하기

12/7 목 - 졸업사진 촬영

내일은 졸업앨범 사진 촬영이 있는 날입니다. 학급 회장인 호성이와 재은이는 교장 선생님과 사진을 찍게 되었습니다. 단정한 옷을 입고 오세요.

1. 시간표 : 음악, 과학, 과학, 사회, 사회, 수학
2. 수학 2단원 평가, 사회 쪽지시험 오답노트 작성 및 확인 받아오기
3. ○○중학교 입학 설명회 - 부모님 코너 참고
4. 수학 익힘 54쪽까지 해결(아침자습 시간 적극 활용)
5. 솜씨자랑에 소식지용 글짓기 한 편(선택 사항)
6. 학부모 서비스 가입 안내
   (자녀의 생활기록부를 볼 수 있음)
   • http://www.neis.go.kr/⟨학부모 서비스⟩지역 선택
7. 오늘의 주인공 - 문호성, 조재은
   • 급식 자리 마음대로 정할 수 있음
   • 발표 2번 이상해야 함, 학급일기 쓰기
8. 면담보고서: 금요일까지

---

(1) **10월 8일까지 학부모 서비스에 가입한 학부모는 모두 몇 명입니까?**

① 10명
② 21명
③ 7명
④ 8명

(2) **호성이와 재은이는 누구와 함께 졸업사진을 찍습니까?**

① 학부모
② 교직원
③ 교장선생님
④ 같은 반 친구들

(3) **자녀의 생활기록부는 어디에서 볼 수 있습니까?**

① 교실
② 사물함
③ 책상 서랍
④ 학부모 서비스

엄마는 우리 아이들을 어떻게 도울 수 있을까?

▶ 읽고 요약하기

■ 우리 아이의 성적표는 어떻게 볼 수 있어요?

내 자녀 바로알기 학부모 서비스: 나이스(NEIS)

나이스(NEIS)는 교육 정보를 공동으로 이용하기 위해 인터넷으로 제공되는 교육 행정 정보 시스템이다. 학부모에게 학교 정보, 학생 정보, 학부모 상담 관리, 자녀교육 활동 정보 등을 제공한다. 학생 정보 중에서 성적통지표(중·고등학교)는 학교장이 제공 여부를 결정하지만, 나머지는 모두 기본적으로 제공된다.

가입 절차

1. 내 자녀 바로알기 나이스 학부모서비스를 (http://www.parents.go.kr/) 설치합니다.
2. 학부모서비스 클릭 후 해당지역을 선택합니다.
3. 회원 가입 후 공인인증서를 등록합니다.
4. 왼쪽의 메뉴 중 자녀정보를 조회합니다.
5. 학생정보 열람신청을 하면 학교에서 승인(2~3일 소요)을 해야 합니다. 학부모들은 학교를 직접 찾아가지 않아도 학교정보뿐만 아니라 자녀의 성적, 일일출결, 학교생활기록부 등 자녀의 학교생활을 인터넷으로 한 눈에 볼 수 있습니다. 가정통신문을 보거나 상담을 하는 등 담임선생님과 의견을 교환할 수 있습니다.

(1) 나이스(NEIS)란 무엇입니까? 찾아서 밑줄을 그어 보세요.

(2) 빈칸을 채워서 요약 글을 완성하세요.

① 나이스에서 학부모에게 제공되는 서비스는 __________, __________, 학부모상담 관리, 자녀교육 활동 정보이다.
② 학부모들은 학교를 직접 찾아가지 않아도 자녀의 학교생활을 __________ 으로 한 눈에 볼 수 있고, 담임선생님과 __________을 할 수 있다.

■ 아이의 담임선생님은 어떻게 만날 수 있을까요?

초등학교에는 '상담주간'이라는 것이 있습니다. 이 기간에 아이의 담임선생님을 만나서 아이의 학교생활에 대해 이야기를 나눌 수 있습니다. 담임선생님은 아이가 학교에서 친구들과 잘 어울리는지, 수업 시간에 공부를 잘하고 있는지 등을 이야기해 줍니다. 학부모는 아이에 대해서 궁금한 것과 걱정이 되는 것을 물어보고 도움이 되는 말을 들을 수 있습니다. 담임선생님에게 어떤 것을 물어보고 어떤 점에서 도움을 받을지를 미리 생각해 두면 큰 도움이 됩니다.

'상담주간'이 아니어도 필요하면 담임선생님을 만나 상담을 할 수 있습니다. 단, 미리 연락을 하고 만날 시간을 정해 두어야 합니다. 바빠서 선생님을 찾아갈 시간이 부족하다면 알림장과 NEIS를 이용해서 선생님과 의견을 교환할 수도 있습니다.

(1) '상담주간'이란 무엇입니까?

(2) 담임선생님과 의논할 사항을 미리 생각해 봅시다.

엄마는 우리 아이들을 어떻게 도울 수 있을까?

▶ 읽고 배워 보기

■ 만일 아이가 아프거나 부모와 함께 여행을 해야 하는 경우에는 어떻게 해야 할까요?

학교는 학기 중에 특별한 사유가 없는 한 출석을 하여야 한다. 그러나 다음과 같은 부득이한 경우에는 결석이 가능하다.

결혼: 형제, 자매, 삼촌, 외삼촌, 고모, 이모까지 1일이 허용이 되며 부모나 부모의 직계존속의 회갑의 경우도 1일 결석이 가능하다.

사망: 부모나 조부모의 경우 7일, 부모의 조부모, 외조부모는 5일, 부모의 형제·자매 및 그의 배우자, 조부모·외조부모의 형제·자매는 3일의 결석이 가능하다.

7일 이상 학교에 가지 않는 것을 '장기결석'이라고 한다. 장기결석의 경우 학교장은 학부모에게 연락하여 아이가 출석하도록 해야 한다. 그 외에 출석으로 인정이 되는 경우는 전염병에 의한 결석이 있다. 이때는 진단서가 필요하다. 지각이나 조퇴의 경우 3회를 결석 1일로 간주한다.

출결 관련 용어

결석: 학교에 나가지 못하는 것
결과: 수업에 빠지는 것
지각: 정해진 시간보다 늦게 등교하는 것
조퇴: 정해진 시간보다 빨리 하교하는 것
(아이가 몸이 아프거나 집안에 특별한 일이 있을 때 가능하다. 담임선생님의 허락을 받아야 한다.)
개근: 해당 학년 동안 1회의 지각(또는 조퇴, 결과)도 없는 경우
정근: 해당 학년 동안 지각(또는 조퇴, 결과)을 1~8회 한 경우, 결석이 2회 이내인 경우

(1) 학기 중에 결석이 가능한 경우는 언제입니까?

(2) 장기결석은 무엇입니까?

(3) 지각과 조퇴는 몇 회를 반복하면 결석 1회와 같습니까?

쓰기

■ 아이가 결석을 할 때는 학교에 결석계를 제출하거나 담임선생님에게 연락을 해야 합니다. 결석계를 써 봅시다.

결　석　계

제　학년　반　번
성명 :

1. 사　유 :

2. 기　간 : 201 년　월　일 부터
　　　　　201 년　월　일 까지 (　　일간)

위와 같이 결석하였기에 보호자 연서로 결석계를 제출합니다.

201 년　월　일
보호자 성명:　　　　　(인)

○○초등학교장 귀하

사유: 결석을 하게 된 이유를 씁니다.
　　　□ 형제, 자매, 삼촌, 외삼촌, 고모, 이모의 결혼
　　　□ 부모, 조부모의 회갑
　　　□ 부모, 조부모의 사망
　　　□ 부모의 형제자매 및 그 배우자, 조부모의 형제자매의 사망

보호자 연서로 결석계를 제출합니다: '부모가 아이의 결석계를 제출하는 데에 동의하여 서명을 한다.'라는 의미입니다.

엄마는 우리 아이들을 어떻게 도울 수 있을까?

▶ 말하기 1

■ 다음 대화를 듣고 이야기해 봅시다.

아이에 대한 걱정을 듣고 위로하기

엄마: 명랑이가 성적표를 가져왔어요.

아빠: 그래? 어디 봅시다. 우리 명랑이가 친구들하고 아주 잘 어울리나 봐요.

엄마: 선생님께서 칭찬을 많이 해 주셔서 명랑이가 아주 자랑스러워하네요.

아빠: 명랑이는 아마도 수학을 잘하는 것 같은데? 여기 이렇게 쓰셨어요. '수리 능력 및 도형에 대한 개념 등 수학과 전반에 대한 이해력이 우수함'.

엄마: 그런데 국어에 대한 평가가 좋지 않아서 걱정이에요. 여기 좀 보세요. '짓기 및 쓰기에 흥미를 갖지 못하고 표현력이 부족함.'

아빠: 하지만 여기 좋은 평가도 있잖아요. '친구들의 말을 바른 태도로 듣고 잘 비교하여 말함'.

엄마: 이번 방학에는 부족한 면을 조금 보충해야 할까 봐요.

아빠: 그렇다고 아주 못하는 것은 아니니까 걱정하지 말아요.

엄마: 그래도 국어 실력이 부족하니까 보충을 했으면 해요. 집 근처 도서관에 가서 책을 읽고 함께 이야기하면서 독서 신문을 만들어 볼까 해요. 당신도 동참해요.

아빠: 그러지 뭐. 이번 주말부터 같이 갑시다.

그렇다고 −은/는 것은 아니다
▶ 앞의 말을 인정하지만 기대되는 것과 다른 사실을 말할 때 사용한다.

- 봄이 왔다. 그렇다고 아주 따뜻해진 것은 아니다.
- 컴퓨터를 싸게 샀다. 그렇다고 성능이 나쁜 것은 아니다.
- 책을 한 권 다 읽었어요. 그렇다고 다 아는 것은 아니에요.

 **함께 이야기해 봅시다.**

걱정하는 친구를 다음처럼 위로해 봅시다.

> 가 : 아이가 장난이 심해서 걱정이에요.
>
> 나 : 그렇다고 다른 사람에게 피해를 주는 것은 아니니까 너무 걱정하지 마세요.

(1) 가 : 아이가 편식이 심한 편이라서 걱정이에요.

   나 : _______________________________________

(2) 가 : 아이가 집중력이 떨어지는 것 같아서 걱정이에요.

   나 : _______________________________________

(3) 가 : 아이가 숫자 계산을 잘 못해서 걱정이에요.

   나 : _______________________________________

(4) 가 : 아이가 키가 안 커서 걱정이에요.

   나 : _______________________________________

말하기 2

■ 다음 대화를 듣고 이야기해 봅시다.

아이의 특성 표현하기

훈민 엄마: 안녕하세요? 제가 박훈민 엄마입니다.

선 생 님: 어서 오세요. 오신다고 연락 주셔서 기다리고 있었습니다. 이쪽으로 앉으세요.

훈민 엄마: 우리 훈민이가 학교에서 생활을 잘하고 있나요?

선 생 님: 네, 비교적 잘하고 있어요. 아이들과도 잘 어울리고요. 그런데 수업시간에 친구들과 이야기를 많이 하는 편이라서 자리를 자주 바꿉니다.

훈민 엄마: 집중을 못하는군요. 자리를 바꾸면 괜찮아지나요?

선 생 님: 네. 너무 걱정하지 마세요. 수업에 크게 지장을 줄 정도는 아닙니다. 훈민이만 그런 것이 아니라 그 또래의 활발한 아이들도 마찬가지예요.

훈민 엄마: 집에서도 책상에 오래 앉아 있지를 못하고 계속 왔다 갔다 하는데, 그것도 집중을 못해서 그런 건가요?

선 생 님: 네, 그럴 수도 있을 겁니다. 공부를 하고 책을 읽어야 하는데 주변에서 TV 소리나 다른 사람들의 말소리가 나면 그쪽으로 관심이 가니까요. 주변을 좀 더 조용히 만들어 주시면 좋아질 거예요.

훈민 엄마: 훈민이가 편식을 좀 하는 편인데 학교에서는 어려워하지 않나요?

선 생 님: 몸에 이상 반응만 일으나지 않으면 한 번이라도 먹게 하고 있어요. 훈민이는 선생님과의 약속은 잘 지키네요. 크게 걱정하지 않으셔도 됩니다.

훈민 엄마: 여러 가지로 감사합니다. 선생님이 세심하게 신경을 써 주시니까 안심이 되네요.

-을 정도
▶실제 그렇게 되지는 않지만 그렇게 될 것처럼 표현할 때 사용한다.

• 음식이 맛있어서 배가 터질 정도로 많이 먹었어요.
• 감기에 걸렸지만 병원에 갈 정도는 아니에요.

함께 이야기해 봅시다.

우리 아이의 특성을 다음처럼 이야기해 봅시다.

> 우리 아이는 처음 보는 아이하고도 금방 친해질 정도로 친구를 잘 사귀어요.

(1) 우리 아이는 __________________________ 음식을 잘 먹어요.

(2) 우리 아이는 __________________________ 착해요.

(3) 우리 아이는 __________________________ 집중력이 강해요.

(4) 우리 아이는 __________________________ 게임을 좋아해요.

(5) 우리 아이는 __________________________ 노래를 잘해요.

(6) 우리 아이는 __________________________ 똑똑해요.

엄마는 우리 아이들을 어떻게 도울 수 있을까?

엄마는 우리 아이들을 어떻게 도울 수 있을까?

▶ 말하기 3

■ 다음 대화를 듣고 이야기해 봅시다.

교육 방법 추천하기

명랑 엄마: 저는 명랑이 담임선생님이 참 어려워요. 어떤 분이신지 잘 몰라서 말하기도 조심스러워요.

정음 엄마: 언제 뵀어요?

명랑 엄마: 지난번 입학식 때 한번 뵀을 뿐이에요. 그 이후로 지금까지 한 번도 말을 제대로 못 해 본 것 같아요.

정음 엄마: 걱정하지 마세요. 기본적으로 선생님들은 교육자이시니까 잘 돌봐 주실 거예요. 특히 1학년 선생님들은 다른 선생님들보다 경험이 풍부하신 경우가 많아요.

명랑 엄마: 그렇군요. 명랑이 선생님도 경험이 많으신 것 같았어요.

정음 엄마: 조금 있으면 선생님과 상담하는 주간이 있어요. 궁금하거나 의논할 일이 있으면 그때 상담하면 돼요.

명랑 엄마: 그럼 선생님은 상담주간에만 뵐 수 있어요?

정음 엄마: 아니요. 필요하면 전화하고 찾아가면 돼요. 저는 정음이 1학년 때 알림장으로 선생님과 연락을 했어요. 알림장은 선생님이 매일 검사를 하시잖아요. 그래서 아이가 써 온 알림장 밑에 조그맣게 메모를 했어요. 그러면 아주 사소한 일도 선생님과 의견을 주고받을 수가 있더라고요.

명랑 엄마: 그런 방법이 있었군요. 저도 그렇게 해야겠네요. 늘 도움을 주셔서 고마워요.

–더라고(요)

▶ 과거에 자신이 경험한 것 또는 그에 대한 자신의 느낌이나 생각을 표현할 때 사용한다.

- 아이가 볼 때마다 인사를 잘하더라고요.
- 어제 친구하고 인사동에 갔는데 사람들이 정말 많더라고요.
- 지난 주말에 여행을 갔는데 경치가 참 아름답더라고요.

함께 이야기해 봅시다.

다음처럼 자신이 경험한 것을 바탕으로 추천해 봅시다.

아이가 책을 잘 안 읽는 편이라서 걱정이에요.
➡ 아이를 규칙적으로 도서관에 데려 가니까 책을 더 많이 읽더라고요.

(1) 아이가 학교생활을 잘하고 있는지 궁금해요.

(2) 방학 때 아이가 무엇을 하면 좋을까요?

(3) 아이가 글짓기를 잘 못하는 것 같은데 좋은 방법이 없을까요?

(4) 아이가 자꾸 동생하고 싸워서 걱정이에요.

(5) 아이가 채소를 잘 안 먹는데 어떻게 하면 좋을까요?

(6) 아이에게 영어 공부를 시키고 싶은데 좋은 방법이 있을까요?

엄마가 학교에 간다!

이 단원의 학습 목표

1. 자녀를 위해 엄마가 학교에서 할 수 있는 일은 무엇인지 말할 수 있다.
2. 학부모회에 대해 이해할 수 있다.

이 단원의 학습 내용

■ 우리 아이의 학교생활을 위해 엄마가 도울 수 있는 일은 무엇일까요? 엄마가 아이들을 안전하게 보호하는 일도 할 수 있고 수업에 직접 참여하는 일도 할 수 있습니다. 무엇인지 알아봅시다.

■ 가정통신문에는 어떤 내용이 있을까요?

| 제136호
201X. 3. 5 | 가정통신문 | ♠예절바르고
♣슬기로우며
♣건강한 어린이 |

학교운영위원회 구성

　희망찬 201X학년도를 맞이하여 귀댁의 자녀가 새 학년이 된 것을 진심으로 축하드립니다. 본교에서는 학교 운영의 자율성을 높이고 교육의 주민자치 정신을 구현하기 위하여 학부모와 지역사회 인사, 교직원을 위원으로 하는 『학교운영위원회』를 구성하여 운영하고 있습니다.

　3월 중에 일정에 따라서 전체 학부모를 대상으로 학교운영위원을 선출하게 됩니다. 특별한 결격 사유가 없는 한 여러 학부모님들은 누구나 운영위원 후보가 될 수 있으며, 학교운영위원이 되면 학교 운영과 관련된 중요한 의사결정에 참여할 수 있습니다.

　우리의 자녀들이 지역의 실정과 특성에 맞는 다양하고 창의적인 교육환경 속에서 질 높은 교육을 받을 수 있도록 여러 학부모님들의 적극적인 협조 부탁드리며 자세한 내용은 ○○ 초등학교 홈페이지 「학교운영위원회」방의 '학교운영위원회 소개' 코너를 참고하여 주시기 바랍니다.

학교운영위원회 구성

구분	인원	자격
학부모 위원	6명	본교에 자녀를 둔 학부모
교원 위원	5명	본교에 재직하고 있는 교원
지역 위원	2명	학교 운영에 이바지하고 있는 지역인사 학교 소재 지역을 생활 근거지로 하는 교육 행정 공무원 학교 소재 지역을 사업 활동 근거지로 하는 사업가
계		13명

201X.　3.　5.
○○○○ 초등학교장

(1) 가정통신문은 무엇에 대한 글입니까?

(　　　　　　)

(2) 다음 중 학교운영위원회 구성원의 자격이 아닌 것은 무엇입니까?

① 학부모
② 선생님
③ 학교 행정직원
④ 교육 행정 공무원

(3) 더욱 자세한 내용을 알 수 있는 방법은 무엇입니까?

① 학생과의 대화
② 학교 홈페이지
③ 학부모들의 모임
④ 선생님과의 면담

▶ 읽고 요약하기

■ 어머니들의 활동에 대해서 알아봅시다.

어머니들은 자녀가 보다 안전하고 편안하게 학교생활을 할 수 있도록 여러 가지 활동을 합니다.

(ㄱ) 녹색어머니회는 어린이들의 교통안전을 지키기 위한 활동을 합니다. 주로 등굣길의 건널목이나 학교 주변의 복잡한 거리에서 어린이들의 안전 보행을 지도합니다. 운전자들의 어린이 보호 구역 내 교통 법규 준수 등을 지도하기도 합니다. 녹색어머니회는 보통 학년 초에 모집하여 1년 동안 활동을 하는데, 2명이 한 조가 되어 정해진 기간 동안 참가합니다.

(ㄴ) 학교에 따라서는 어머니들이 급식 평가단을 운영하기도 합니다. 급식 평가단은 학교에서 자체적으로 급식실을 운영하는 경우 급식의 영양 및 위생 상태를 평가합니다. 어머니들은 아이들이 학교에서 더 깨끗하고 영양이 풍부한 음식을 먹을 수 있도록 급식재료와 조리 환경을 점검하고 확인하는 일을 합니다.

(ㄷ) 어머니들이 학교 도서관에서 독서도우미로 일을 하는 경우도 있습니다. 어머니들은 아이들에게 필요한 책을 결정하여 구입하기도 하고 아이들의 독서를 지도하는 일도 합니다.

(1) (ㄱ), (ㄴ), (ㄷ) 각 단락은 어떤 활동을 설명하고 있습니까? 각 단락에서 활동을 설명하는 부분을 찾아 밑줄을 그어 보세요.

(2) 빈칸을 채워서 요약 글을 완성하세요.

어머니들이 자녀의 학교생활을 위해서 하는 활동은 ________ , ________ , 독서도우미가 있다. 녹색어머니회는 ________을 위해 활동을 한다. 급식 평가단은 급식의 영양 및 ________ 상태를 평가한다. 어머니들은 ________ 지도를 위해 도서관에서 일을 하기도 한다.

■ 학부모의 학교 참여는 왜 중요합니까?

우리 아이들은 학교에서 대부분의 시간을 보냅니다. 아이들은 학교에서 교과목 지식뿐만 아니라 사회적 역할과 책임에 대해서도 교육을 받습니다. 그만큼 학교가 우리 아이에게 미치는 영향이 크므로 아이의 학교생활에 관심을 가지고 적극적으로 참여할 필요가 있습니다.

학부모와 학교 사이의 신뢰를 쌓기 위해서도 학부모의 참여가 필요합니다. 학부모가 학교 운영을 잘 알고 의견을 적극적으로 반영할 수 있다면 학교의 결정사항을 믿고 따를 수 있습니다. 아이가 보다 안전한 환경에서 질 높은 교육을 받기 바란다면 학교 운영에 관심을 가지고 학교운영위원회의 활동을 지켜봐야 합니다.

(1) 학부모의 학교 참여는 왜 중요합니까?

(2) 여러분은 학교운영위원회에 참여해야 한다고 생각합니까? 또는 참여하지 않아도 생각합니까? 그 이유는 무엇입니까?

▶ 읽고 배워 보기

■ 정음이 엄마는 오늘 '일일교사'가 되었습니다. 정음이 엄마의 고향은 베트남입니다. 그래서 오늘 수업에서 베트남의 식사예절에 대해 알려 주려고 합니다.

---

201 년 월 일 　　　文화수업 활동지 　　이름 :

식사할 때 지켜야 할 예절 알기　　:)

베트남에서도 한국처럼 젓가락을 사용합니다. 그런데 베트남에서는 젓가락만 사용하여 밥을 먹습니다. 젓가락만 사용하다보니 밥그릇을 들고 먹어야 합니다. 밥그릇을 입가에 대고 젓가락으로 밥을 입 안으로 밀어 넣습니다. 그래서 밥그릇을 항상 손바닥 위에 올려놓습니다. 그리고 숟가락은 국을 먹을 때만 씁니다. 숟가락을 놓을 때는 엎어서 놓으면 안 됩니다. 밥을 다 먹으면 젓가락과 숟가락을 밥그릇 위에 가지런히 얹어 놓습니다.

1. 모둠 친구들과 한국의 식사예절에 맞게 식사를 해 보세요.
2. 모둠 친구들과 베트남의 식사예절에 맞게 식사를 해 보세요.
3. 한국과 베트남의 식사예절의 같은 점을 찾아보세요.
4. 한국과 베트남의 식사예절의 다른 점을 찾아보세요.

한국	기준	베트남
젓가락과 숟가락	밥 먹을 때 사용하는 도구	
밥상 위	밥그릇을 놓는 곳	
밥과 국	숟가락으로 먹는 음식의 종류	
밥상 위	밥 먹은 후 젓가락을 놓는 위치	

(1) 베트남에서는 밥을 어떻게 먹습니까?

(2) 베트남 사람들은 숟가락을 언제 사용합니까?

(3) 베트남에서는 밥을 다 먹고 난 후 숟가락과 젓가락을 어디에 둡니까?

■ 학교의 일일교사가 되어 다문화 수업을 하려고 합니다. 수업에서 사용할 활동지를 완성해 봅시다.

201 년 월 일　　　문화수업 활동지　　이름 :

식사할 때 지켜야 할 예절 알기

여러분 고향의 식사 예절을 설명해 보세요.

1. 모둠 친구들과 한국의 식사예절에 맞게 식사를 해 보세요.
2. 모둠 친구들과 ○○의 식사예절에 맞게 식사를 해 보세요.
3. 한국과 ○○의 식사예절의 같은 점을 찾아보세요.
4. 한국과 ○○의 식사예절의 다른 점을 찾아보세요.

한국	기준	
젓가락과 숟가락	밥 먹을 때 사용하는 도구	
밥상 위	밥그릇을 놓는 곳	
밥과 국	숟가락으로 먹는 음식의 종류	
밥상 위	밥 먹은 후 젓가락을 놓는 위치	

(알맞은 그림 또는 사진 자료를 찾아 넣어 보세요.)

활동지 내용을 참고해서 수업에서 사용할 파워포인트 자료를 만들어 보세요.

엄마가 학교에 간다!

▶ 말하기 1

■ 다음 대화를 듣고 이야기해 봅시다.

문화 비교하기

정음 엄마: 안녕하세요, 여러분? 오늘 일일교사를 맡게 된 옌입니다. 저는 정음이 엄마예요. 여러분, 베트남을 알아요? 베트남 사람을 만난 적이 있어요?

학 생 들: 아니요. 없어요.

정음 엄마: 그래요? 저는 베트남에서 왔어요. 베트남 사람이지만 지금은 한국 사람이기도 해요. 오늘은 여러분에게 베트남에 대해서 이야기하려고 해요. 좋아요?

학 생 들: 네, 좋아요.

정음 엄마: 여러분은 아침, 점심, 저녁에 식사를 해요. 무엇을 먹어요?

학 생 들: 밥이요.

정음 엄마: 베트남 사람들도 밥을 먹어요. 밥을 먹을 때 무엇으로 먹어요? 포크를 써요?

학 생 들: 아니요, 숟가락, 젓가락을 써요.

정음 엄마: 네, 한국에서는 숟가락과 젓가락을 모두 사용해서 밥을 먹는 데에 비해서 베트남에서는 숟가락은 쓰지 않고 젓가락만 써요. (그림을 보여 주고, 밥그릇과 젓가락을 준비하여 보여 준다.) 여러분은 젓가락으로 밥을 먹을 수 있어요?

학 생 들: 아니요, 힘들어요.

정음 엄마: 베트남 사람들도 힘들어요. 그래서 밥그릇을 입 가까이에 대고 밥을 먹어요. 그리고 밥을 다 먹으면 젓가락을 밥그릇 위에 가지런히 올려놓습니다. 한국에서는 어떻게 하지요?

학 생 들: 상 위에 올려놓아요.

정음 엄마: 네, 한국과 베트남에서는 모두 밥을 먹어요. 그렇지만 식사를 하는 방법은 조금 달라요.

-은/는 데(에) 비해(서)

▶ 앞뒤에 오는 내용을 비교해서 말할 때 사용한다.

- 그는 공부는 못하는 데에 비해서 운동은 잘한다.
- 그 회사는 월급을 많이 주는 데에 비해서 늦게까지 일을 시킨다.

 **함께 이야기해 봅시다.**

고향의 문화가 한국의 문화와 어떻게 다른지 다음처럼 이야기해
봅시다.

한국에서는 보통 고추나 고춧가루를 많이 넣어서 음식을 맵게 만드는 데 비
해서 제 고향에서는 고추나 고춧가루를 쓰지 않아요.

	한국	
음식	고추, 고춧가루, 맵게	
인사 방법		
높임말/반말		

 말하기 2

■ 다음 대화를 듣고 이야기해 봅시다.

학교 행사 정보 확인하기

명랑 엄마: 안녕하세요? 저는 1학년 김명랑 엄마예요.

영진 엄마: 아, 네. 안녕하세요? 저는 3학년 김영진 엄마예요.

명랑 엄마: 그럼, 녹색어머니회가 처음이 아니시겠어요.

영진 엄마: 네. 아이가 3학년이니까 벌써 3년째가 되네요.

명랑 엄마: 활동을 해 보시니까 어때요?

영진 엄마: 아이들이 등·하굣길에 안전하게 다닐 수 있으니까 보람도 있고 재미도 있어요.

명랑 엄마: 선생님이 주신 일정표대로만 참석하면 되는 건가요?

영진 엄마: 네. 이번 학기에는 한 사람당 2주일씩 배정이 되었어요.

명랑 엄마: 큰일이네요. 저는 당장 다음 주인데, 다음 주에는 참석하지 못할 것 같은데……. 선생님께 말씀 드려야겠네요.

영진 엄마: 그럼 제가 바꿔 드릴게요. 전 다음 달 첫 번째 주예요. 특별한 일이 없으니까 다음 주에 제가 해도 상관이 없거든요.

명랑 엄마: 정말요? 정말 감사합니다. 일정표를 보고 많이 걱정했었어요. 영진 어머니 덕분에 큰 걱정을 덜었네요.

영진 엄마: 뭘요. 다음에 제가 필요할 때 명랑이 어머니께서 도와주시면 되지요.

-은/는 건가(요)?

▶ 확인하기 위해서 물어볼 때 사용한다.

• 이거 가져가도 되는 건가요?

• 모임을 벌써 시작한 건가요?

다음 글을 읽고 밑줄 친 정보를 확인하는 질문을 만들어 봅시다.

학부모 여러분께 알려드립니다. 자녀의 수련회 참가를 원하시는 학부모께서는 참가 신청서를 작성하셔서 보내주시기 바랍니다.

봄 수련회

일시 : 5월 2일(토) ~ 3일(일)

장소 : 청평 청소년 수련원

5월 2일 오전 9시에 학교에서 버스가 출발합니다. 3일 오후 5시에 학교로 돌아올 예정입니다.

체력 훈련, 자신감과 발표력 기르기 훈련, 교우 관계 점검 및 개선 프로그램, 레크리에이션 등의 프로그램이 준비되어 있습니다.

각 학년 주임선생님이 아이들과 함께 수련회를 갑니다.

토요일에 출발해서 일요일에 돌아오는 건가요?

▶ 말하기 3

■ 다음 대화를 듣고 이야기해 봅시다.

가족들을 격려하기

엄마: 여보, 이것 좀 보세요. 훈민이가 학교에서 가정통신문을 가져왔는데 학교운영위원회를 구성한다고 해요.

아빠: 학교운영위원회? 당신은 그게 뭔지 알아요?

엄마: 가정통신문에는 운영위원들이 학교의 중요한 일을 결정한다고 써 있어요.

아빠: 아주 중요한 일을 하는군. 학교운영위원회를 통해서 학부모들의 의견이 반영이 될 테니까 바람직한 일이네요.

엄마: 학부모위원이 6명이니까 각 학년별로 한 명의 대표가 선출되나 봐요. 그리고 학교 선생님들 중에서 5명, 지역 위원이 2명으로 되어 있네요.

아빠: 당신도 참여를 해 보지 그래요? 난 당신이 잘할 수 있을 거라고 생각하는데.

엄마: 글쎄요. 생각을 좀 해 봐야겠어요. 제가 여러 사람들의 의견을 잘 모을 수 있을지 모르겠어요.

아빠: 당신이 운영위원이 안 되더라도 최소한 학부모의 의견이 의사결정에 반영이 되는 방법을 알았으니까 잘 활용하면 되겠어요.

엄마: 네, 맞아요.

−을 거라고 생각하다 / 믿다
▶ 어떤 사실을 추측하여 말할 때 사용한다.

- 고향에서도 이곳 소식을 알 수 있을 거라고 생각해요.
- 너도 어머님께서 곧 회복되실 거라고 믿니?

 **함께 이야기해 봅시다.**

다음처럼 가족들을 격려해 봅시다.

아이가 학교에 입학합니다.
→ 엄마는 우리 명랑이가 학교생활을 잘할 거라고 믿어.

(1) 아이가 전학을 가서 새로운 학교에 적응을 해야 합니다.

(2) 아이가 반장 선거에 나갑니다.

(3) 남편이 새로운 사업을 시작하려고 합니다.

(4) 남편이 회사에서 승진 시험을 봅니다.

(5) 동생이 한국어능력시험을 보려고 합니다.

우리 아이들의 방학과 주말을 어떻게 보내면 좋을까?

▶ 이 단원의 학습 목표

1. 문화시설에 관한 안내를 읽고 필요한 정보를 찾을 수 있다.
2. 아이의 보고서 작성을 도울 수 있다.

▶ 이 단원의 학습 내용

■ 우리 아이들은 현장 체험 활동과 봉사 활동을 하고, 이에 대해서 발표를 하거나 보고서를 써서 제출해야 합니다. 우리 아이들이 주말과 방학에 무엇을 해야 할지, 그리고 이 내용을 어떻게 발표하고 보고서를 써야 할지에 대해서 알아봅시다.

■ 여러분은 도서관을 이용해 본 적이 있습니까? 도서관에 관한 정보를 어떻게 확인합니까?

안산 다문화 작은 도서관

▶ 장서 현황 : 16개국 8,829권

국가	한국	중국	베트남	태국
권	2,258	1,321	1,071	852
국가	영미	인도네시아	몽골	필리핀
권	801	675	365	340
국가	캄보디아	우즈벡	카자흐	러시아
권	251	229	186	177
국가	네팔	파키스탄	스리랑카	일본
권	94	80	71	58

▶ 정기 간행물 : 6개국 한국, 영미, 중국, 베트남, 인도네시아, 필리핀
▶ 이용 시간 : 화요일 ~ 일요일 09:00~18:00
▶ 휴관일 : 매주 월요일, 법정휴일
▶ 도서관 회원 : 경기도 거주 외국인, 안산 시민(내국인)
▶ 신청 서류 : 도서관 회원 가입 신청서, 신분증(외국인등록증, 외국국적동포등록증, 주민등록증)

※ 거주지가 안산시인데 거주지를 변경하지 않은 경우 해당구청에 거소신고(체류지 변경 신청)를 하시기 바랍니다.

▶ 도서관 자료 이용

구분	대출 권수	대출 기간	
도서	5권(DVD포함)	2주	※ 연체 시에는 연체 일수만큼 대출이 정지됨.
DVD	1개	1주	
정기간행물	자료실 내 열람만 가능		
PC	회원증 제출 후 1시간 동안 이용 가능함.		

▶ 관내 상호 대차
안산 중앙 도서관에 비치되어 있는 책을 다문화 작은 도서관에서 받아 볼 수 있습니다. 안산 중앙 도서관 홈페이지(http://lib.iansan.net)에서 원하는 자료를 검색한 후 상호대차 신청서를 작성해 주세요.
※ 신청 권수: 최대 3권(신청도서 도착 후 3일 이내에 대출하지 않으면 자동 취소)
※ 신청 도서가 소장기관에서 대출 중일 경우 상호대차 신청 불가

(1) '안산 다문화 작은 도서관'에서는 어느 나라의 신문, 잡지를 볼 수 있습니까?

(2) '안산 다문화 작은 도서관'은 몇 시까지 이용할 수 있습니까?

(3) '안산 다문화 작은 도서관'에서는 어떤 사람들이 회원이 될 수 있습니까?

(4) '안산 다문화 작은 도서관'에서 책을 빌리려면 어떻게 해야 합니까?

(5) '안산 다문화 작은 도서관'에서 책을 빌리면 언제까지 반납을 해야 합니까?

읽고 요약하기

■ 박물관은 어떤 곳입니까? 박물관에서는 무엇을 볼 수 있습니까?

강원도 춘천시 석사동 애막골의 위치하고 있는 국립춘천박물관은 주변 경치가 아름답기로 유명하다. 박물관의 너른 창 너머로 바라보이는 주변 경치는 숨이 막힐 정도이다. 박물관 2층과 4층 창문 밖으로 의암호와 호수를 둘러싼 산의 풍경을 볼 수 있는데, 해가 질 무렵 노을이 지는 모습은 정말 환상적이다.

국립춘천박물관은 강원도민들의 지역사회에 대한 관심과 애정이 느껴지는 곳이다. 박물관이 강원도민의 힘으로 만들어졌기 때문이다. 강원도민들이 도내의 대표적인 박물관을 만들기 위해 8년 동안 물질적, 정신적 후원을 했다.

박물관은 구석기 시대부터 현대까지 강원도의 특색을 잘 보여주는 유물을 전시하고 있다. 강원도에서 발굴된 유물 1,000여 점이 총 4개의 상시전시실에 전시되어 있다. 전시실 1에서는 선사 시대의 유물을, 전시실 2에서는 고대의 유물을, 전시실 3에서는 불교문화재를 볼 수 있다. 전시실 2에서는 범종의 소리를 직접 들어볼 수 있다. 범종에 센서가 부착되어 있어 사람이 가까이 다가가면 종소리가 울리게 되어 있다. 전시실 3에서는 강원도 출신의 유명인물들이 남긴 문화재를 볼 수 있다. 신사임당이 그린 '초충도'와 '화립도'는 춘천박물관에서 꼭 봐야 하는 문화재이다. 그 외에도 강원도의 아름다운 풍경을 담은 산수화도 구경할 만하다.

(1) 각 단락의 중심 생각을 담고 있는 부분을 찾아 밑줄을 그어 보세요.

(2) 빈칸을 채워서 요약 글을 완성하세요.

국립춘천박물관은 ＿＿＿＿＿＿＿＿＿＿＿＿＿＿기로 유명하다. 박물관은 강원도민들의 ＿＿＿＿＿＿, ＿＿＿＿＿＿ 후원으로 만들어졌다. 박물관은 ＿＿＿＿＿＿의 특색을 잘 보여 주는 유물을 전시하고 있다.

■ 여러분은 봉사 활동을 해 본 경험이 있습니까? 봉사 활동은 왜 필요합니까?

초등학교에 다니는 작은 아들이 지난 주말에 같은 반 학생들과 함께 국립현충원으로 봉사 활동을 다녀왔다. 아이가 봉사 활동을 하면서 느끼고 생각했던 점이 많을 거라고 생각해서 그날 저녁에 아이에게 이것저것을 물었다.

그런데 아이의 대답은 나의 기대를 벗어났다. 아이는 봉사 활동에 빠지면 결석으로 처리되고, 봉사 활동 점수를 받을 수 없어서 어쩔 수 없이 봉사 활동에 참여한 것이라고 한다. 봉사 활동도 아이들의 의견을 모아서 결정한 것이 아니라 선생님이 정해서 알려준 것이라고 한다.

아이는 날도 더운데 잔디밭에 앉아서 풀을 뽑는 것이 너무 힘들었다며 불평을 하기 시작했다. 아이에게 봉사 활동은 학교에서 시키니까 할 수 없이 하는 행사에 불과했던 것이다. 아이가 봉사 활동에서 보람을 느끼고 새로운 것을 알게 되었을 것이라는 나의 생각은 완전히 틀린 것이었다.

점수 때문에 할 수 없이 참석하는 것이 봉사 활동의 참된 의미는 아닐 것이다. 학교 선생님이 시키니까 하기 싫어도 억지로 한다면 그런 봉사 활동이 의미 있다고 할 수 있을까? 아이가 좀 더 보람 있고 의미 있는 봉사 활동을 하려면 어떻게 해야 하는 걸까?

(1) 여러분이 이 글을 쓴 사람이라면 아이에게 무슨 말을 해 주겠습니까?

(2) 봉사 활동의 의미는 무엇이라고 생각합니까?

(3) 우리 아이들이 봉사 활동을 보다 보람 있고 재미있게 하려면 어떻게 해야 할까요?

우리 아이들의 방학과 주말을 어떻게 보내면 좋을까?

▶ 읽고 배워 보기

■ 아이들의 보고서에는 어떤 내용이 담겨 있어야 합니까?

덕수궁미술관 '아시아의 리얼리즘'

작성자 : 박한나
날 짜 : 8월 20일
장 소 : 덕수궁미술관

아시아의 리얼리즘은 아시아의 여러 국가, 한국, 중국, 일본 등의 화가들의 그림을 볼 수 있는 전시회이다. 리얼리즘은 현실을 있는 그대로 묘사하는 것을 말한다고 한다. 이번 전시회에서 아시아의 유명한 작가들의 작품을 많이 볼 수 있어서 정말 기뻤다.

내가 본 것 중에서 가장 인상 깊었던 작품은 배운성이라는 화가의 '가족'이라는 작품이다. 화가 배운성은 일본 식민지 시대에 서울의 한 부잣집에서 집사로 일하면서 주인집 아들이 유학을 갈 때 같이 유럽에 가서 미술을 배웠다고 한다. 배운성 화가의 그림을 보고 나는 외할머니 댁에 걸려있는 우리 가족 사진이 생각났다.

어릴적에 나는 해마다 사진을 찍자고 하시는 외할머니를 이해할 수 없었다. 그런데 시간이 흘러 우리 가족의 모습이 가지런히 담겨 있는 가족 사진을 볼 때마다 추억이 새록새록 떠올라서 좋았다.

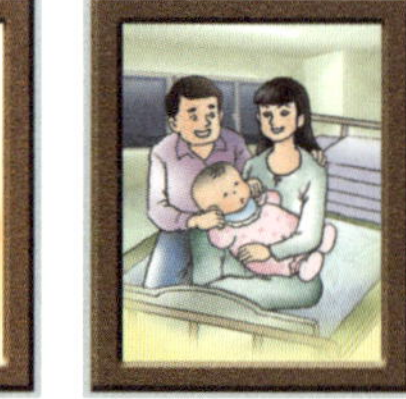

(1) 이 글의 종류는 무엇입니까?

(2) 이 글에 꼭 포함되어야 하는 내용은 무엇입니까?

- 아이가 학교에 제출해야 하는 보고서는 사진을 중심으로 구성하면 시각적인 효과를 낼 수 있습니다. 먼저 보고서에 넣을 사진을 골라서 사진의 내용을 설명하는 글을 만들어 보십시오.

사진 1	
사진 2	

- 사진 설명에 아이의 생각과 느낌을 덧붙여서 보고서에 쓸 내용을 마련하십시오.

사진 1	
사진 2	

▶ 말하기 1

■ 다음 대화를 듣고 이야기해 봅시다.

약속 내용 확인하기

아내: 내일 애들이랑 같이 저녁 먹고 공연 보기로 했잖아요. 내일 일찍 퇴근할 수 있지요?

남편: 어, 그래. 그런데 내일 뭐 먹을까요? 감자탕 먹을까?

아내: 어? 애들이 그거 안 좋아하잖아요.

남편: 감자탕이 얼마나 맛있는데……. 왜 애들은 안 좋아할까?

아내: 먹기가 좀 불편하잖아요. 이번에는 그냥 애들이 좋아하는 갈비 먹어요.

남편: 왜 항상 애들이 좋아하는 거를 먹어야 해요? 이번에는 감자탕 먹자. 당신도 좋아하잖아요.

아내: 그럴까? 애들한테 한번 물어 보고요.

남편: 그런데 내일 공연이 뭐라고 했지요?

아내: '난타'라고 이야기했잖아요.

남편: 맞아, 그랬었지. 그거 좀 시끄러운 거 아니야? 꼭 그거 봐야 해요?

아내: 훈민이가 그거 보고 보고서를 써야 한대요.

남편: 꼭 그것만 되는 거예요? 다른 거는 안 되고요?

아내: 그렇대요. 그냥 재미있게 봅시다.

남편: 할 수 없네. 알았어요.

-잖아(요)

▶ 듣는 사람도 알고 있다고 생각하는 이유를 말할 때 쓴다. 듣는 사람이 모르더라도 듣는 사람이 공감해 주기를 바라는 마음에서 쓸 수 있다.

- 이번에는 다른 곳으로 가요. 지난번 휴가 때도 제주도에 갔잖아요.
- 우리 냉면 먹어요. 한나 씨가 좋아하잖아요.

함께 이야기해 봅시다.

다음의 상황에서 약속을 확인하는 대화를 만드십시오.

(1) 오늘 저녁에 아이와 같이 영화를 보기로 했습니다.

(가)	(나)
약속 장소와 시간을 잊어버렸습니다. 장소와 시간을 물어봅니다.	장소와 시간을 이야기해 주세요.

(2) 아이가 편식을 하지 않고 골고루 먹기로 약속했습니다.

(가)	(나)
아이가 또 채소는 먹지 않고 고기나 햄만을 먹겠다고 합니다. 엄마가 아이에게 약속을 물어봅니다.	엄마에게 약속을 이야기해 주세요.

우리 아이들의 방학과 주말을 어떻게 보내면 좋을까?

말하기 2

■ 다음 대화를 듣고 이야기해 봅시다.

상대방의 느낌이나 생각에 공감하는 표현하기

엄마: 오늘 선생님이랑 아이들과 같이 영화를 본다고 했잖아. 재미있었어?

명랑: 응. 그런데 훈민이가 약속 시간에 늦어서 영화를 못 볼 뻔했어요.

엄마: 그래? 훈민이가 얼마나 늦었는데?

명랑: 30분이나 늦었어요.

엄마: 정말? 선생님과 아이들이 화가 많이 났겠구나. 훈민이가 혼났겠네.

명랑: 선생님께서는 걱정을 하셨는데, 그래도 오니까 안심이라고 하셨어요. 그런데 오히려 아이들이 화를 많이 냈어요. 훈민이는 미안하다고 계속 사과만 했어요.

엄마: 그래? 훈민이가 왜 그렇게 늦었대?

명랑: 3시를 2시로 잘못 봤대요.

엄마: 훈민이가 실수를 했구나. 누구나 가끔은 실수를 해. 그래도 영화는 봤잖아. 그런데 무슨 영화를 봤니?

명랑: '마당을 나온 암탉'이라는 애니메이션을 봤어요. 정말 재미있었어요. 암탉이 주인공인데 양계장을 나와서 모험을 하는 이야기예요.

엄마: 정말 재미있겠구나. 명랑이는 영화를 보고 어떤 생각이 들었어?

-겠구나

▶ 다른 사람의 느낌이나 생각을 추측하여 말할 때 쓴다. 공감하는 듯한 느낌을 표현할 때 사용한다.

- 옷을 얇게 입어서 춥겠구나.
- 오랜만에 친구들을 만나서 반가웠겠구나.

다음 상황에서 상대방에게 위로하는 표현으로 이야기해 보십시오.

남편	나
며칠 동안 계속 야근을 해서 몸이 많이 피곤하다	남편을 위로한다.

아이	나
친구와 싸워서 화가 났다.	아이의 마음을 위로한다.

친구	나
친구의 아이가 아파서 병원에 입원했다.	친구를 위로한다.

우리 아이들의 방학과 주말을 어떻게 보내면 좋을까?

▶ 말하기 3

■ 다음 대화를 듣고 이야기해 봅시다.

수업 시간에 발표하기

선생님: 자, 지난 방학 때 무엇을 했는지 이야기해 봅시다. 누가 먼저 할까요?

아이들: 저요!

선생님: 모두 다 발표할 기회를 줄 테니까 차례차례 이야기합시다. 그럼, 훈민이 가 먼저 이야기해 볼까?

훈 민: 저는 이번 방학에 경주로 여행을 갔다 왔습니다. 경주에는 신라 시대의 유적과 유물이 많습니다. 저는 경주에서 불국사와 석굴암을 보았습니 다.

선생님: 훈민이는 방학에 경주에 갔다 왔어요. 여러분, 훈민이에게 질문할 것이 있어요?

유 나: 석굴암은 어떤 곳입니까?

훈 민: 석굴암은 통일신라 때 굴을 만들어서 그 안에 부처님 상을 모셔 놓은 곳 입니다.

혜 진: 석굴암을 보면서 무엇을 느꼈습니까?

훈 민: 부처님 상이 잘 만들어졌다고 느꼈습니다. 통일 신라 때의 기술이 굉장 히 뛰어나다고 생각했습니다.

선생님: 훈민이는 석굴암을 보면서 통일 신라 시대의 과학기술에 대해서 생각을 했군요. 좋아요. 유나는 방학 때 무엇을 했어요?

유 나: 저는 이번 방학에 강화도에 있는 외할머니 집에 다녀왔습니다. 강화도 에서 친척들과 함께 전등사를 구경했습니다. 전등사를 보면서 절이 참 아름답다고 생각했습니다.

-는다고/다고 느끼다/생각하다
▶ 자신의 생각이나 느낌을 다른 사람에게 이야기할 때 사용한다.

- 그 사람이 나를 이해해 주지 않는다고 느껴서 속상했다.
- 한국 생활에 적응하기 위해서는 많은 시간이 필요하다고 생각한다.

아이의 생각과 느낌을 물어봅시다.

(1) 이번 방학에 가족여행을 다녀왔습니다.

	아이
어디로 갔습니까?	
언제 갔습니까?	
무엇을 했습니까?	
여행에 대해서 어떻게 생각합니까?	

(2) 지난 주말에 아빠와 아이가 영화를 보고 왔습니다.

	아이
무슨 영화를 봤습니까?	
언제 봤습니까?	
내용이 무엇입니까?	
영화에 대해서 어떻게 생각합니까?	

우리 아이는 세계 속의 한국인!!

▶ 이 단원의 학습 목표

1. 엄마 나라의 언어와 문화를 자녀에게 교육해야 할 필요성 및 방법에 관해서 이해할 수 있다.
2. 자녀 교육 문제에 대해서 남편과의 의견 차이를 조정하고, 자녀에게 엄마 나라의 언어와 문화에 대해서 설명해 줄 수 있다.

▶ 이 단원의 학습 내용

■ 우리 아이들은 아빠 나라의 사람이기도 하지만 엄마 나라의 사람이기도 합니다. 우리 아이들은 한국어와 한국문화만 잘 알면 되는 걸까요? 우리 아이에게 엄마 나라의 말과 문화를 가르치고 싶다면 어떻게 해야 할까요? 이 단원에서는 이러한 문제에 대해서 생각해 보고 좋은 방법을 같이 찾아봅니다.

■ 우리 아이에게 엄마 나라의 말을 가르치고 싶습니다. 어디에서 도움을 얻을 수 있을까요?

전국에 있는 다문화가족지원센터에서 '이중언어교실'을 운영합니다. 우리 집 가까운 곳에 다문화가족지원센터가 있는지, 그곳에서 이중언어교육을 하는지를 확인하세요. 다문화도서관에서는 중국, 러시아, 베트남 등 여러 나라의 동화책도 읽을 수 있습니다. 인터넷으로 다문화도서관 이용 정보를 찾아봅시다.

다문화가족지원센터

▶ 다문화가족지원 포털사이트 '다누리'에 접속하세요.
▶ http://liveinkorea.mogef.go.kr/
▶ 다문화가족지원센터 찾기: 내가 찾고 싶은 지역을 클릭하세요.
▶ 홈페이지를 통해서 이중언어교육이 가능한지 확인하세요.
▶ 홈페이지에서 확인이 불가능한 경우에는 전화로 이중언어교육이 가능한지 문의하세요.

다문화도서관

안산다문화작은도서관: 한국, 중국, 베트남, 태국, 영미, 인도네시아, 몽골, 필리핀, 캄보디아, 우즈베키스탄, 카자흐스탄, 러시아, 네팔, 파키스탄, 스리랑카, 일본 지역의 책이 비치되어 있습니다.

• 안산시 원곡동 외국인주민센터에 위치하고 있습니다.
• 다문화아동과 결혼이주여성을 대상으로 하는 독서프로그램도 열리니까 확인하세요.
• 문의처 031-481-2661

다문화어린이도서관 '모두': 네팔, 몽골, 러시아, 방글라데시, 베트남, 이란, 인도네시아, 일본, 중국, 태국, 필리핀 지역의 어린이 도서 5천 권과 한국어 책 5천 권이 비치되어 있습니다.
• 서울 동대문구 이문2동에 위치하고 있습니다.
• 홈페이지를 통해 도서관 프로그램을 소개하고 있으니까 확인하세요.
• 엄마들을 위한 프로그램도 제공하고 있습니다.
• 문의처: http://www.modoobook.org/

※ 이외에도 여러 시도에서 다문화도서관을 운영하고 있습니다. 인터넷 검색창에 '다문화도서관'이라고 입력하여 관련된 정보를 찾아보세요.

(1) 우리 아이에게 엄마 나라의 말을 가르쳐주고 싶다면 어디에 문의해야 합니까?

(2) 우리 아이에게 엄마 나라의 동화책을 보여 주고 싶다면 어디에 가야 합니까?

(3) 다문화어린이도서관 '모두'는 어디에 있습니까?

(4) 인터넷에서 '모두' 외의 다문화도서관에 관련된 정보를 찾으려면 어떻게 해야 합니까?

읽고 요약하기

■ 엄마가 직접 아이에게 엄마 나라의 말을 가르치고 싶다면 어떻게 해야 할까요?

아이들은 놀면서 배운다. 놀면서 보고, 듣고, 만지는 모든 일이 아이들에게는 학습이 된다. 아이들에게 외국어를 가르치는 것도 이러한 원리를 활용해야 한다. 한국어 외의 다른 언어를 아이가 유창하게 할 수 있도록 하겠다는 욕심 때문에 단어와 표현을 지나치게 많이 가르치면 아이는 겁부터 먹기 쉽다.

엄마가 어렸을 때 불렀던 노래를 아이에게 들려주는 것도 좋은 방법이다. 쉬운 표현이 반복되어 나오는 노래를 아이에게 불러 주면 아이들은 금방 그 노래를 따라 부르게 된다. 노래를 따라 부르게 되면 가사의 의미를 알려주면 된다. 아이가 가사의 내용에 흥미를 보인다면 그때부터 아주 천천히 단어를 하나씩 가르치면 좋다.

아이의 시선을 붙잡을 수 있는 그림책을 활용할 수도 있다. 그림책에 나오는 동물이나 사물을 가리키면서 단어를 배우고 그것에 익숙해지면 동작을 결합한 표현을 반복해서 이야기해 준다. 아이 스스로 이러한 표현을 따라 말하게 되면, 그림을 보면서 이야기를 완성할 수 있게 도와준다. 이러한 방법으로 아이는 조금씩 천천히 외국어 즉, 한국어가 아닌 엄마의 언어에도 익숙해질 수 있다.

(1) 각 단락의 중심 생각을 담고 있는 부분을 찾아 밑줄을 그어 보세요.

(2) 빈칸을 채워서 요약 글을 완성해 보세요.

아이에게 엄마 나라의 말을 가르치려면 _________면서 자연스럽게 엄마 나라의 말을 접하게 해야 한다. _________ 와 _________ 을 활용하는 것이 좋다. 아이가 조금씩 천천히 엄마 나라의 말에 익숙해지도록 해야 한다.

■ 엄마 나라의 말을 배우면 어떤 점이 좋을까요?

남편을 따라 한국에 온 지 벌써 5년이 흘렀다. 그 사이에 나는 한 아이의 엄마가 되었다. 아이를 낳고 키울 때 주위에서는 엄마가 베트남 말을 하면 아이가 한국말을 잘 못하게 된다고 했다. 또, 한국말을 잘 못하는 채로 학교에 가면 주위 아이들로부터 따돌림을 받게 된다고도 했다. 나는 그런 상황이 생길까 봐 아이에게 한국말만 사용했다. 한국말도 더 열심히 배웠다. 아이에게 한국말을 가르쳐야 하니까.

하지만 한국말로 아이를 키우면서 나는 불편한 점이 많았다. 무엇보다 아이와 감정을 나누고 싶을 때 한국말로만 이야기하는 것이 답답했다. 게다가 아이를 혼내거나 달랠 때 한국말로 내 감정을 다 설명할 수는 없었다. 아이를 아끼고 사랑하는 마음도 한국말만으로는 충분하게 전달하기가 어려웠다. 그래서 마음 한 구석이 점점 허전해지고 있었다.

그러던 어느 날 고향에 있는 부모님과 통화를 하면서 나는 문득 깨달았다. 부모님이 아이의 목소리라도 들어보고 싶다고 하시는데, 우리 아이는 베트남 말을 하나도 모른다는 것을. 아이가 좀 더 커서 아이와 함께 고향에 가게 되면 우리 아이와 부모님은 어떻게 대화를 할까? 아이의 아빠가 한국 사람이고 내가 베트남 사람이니까 우리 아이는 한국 사람이면서 베트남 사람이기도 한데 우리 아이도 간단한 대화 정도는 베트남 말로 할 수 있어야 하지 않을까? 그렇게 나의 고민은 시작됐다.

(1) 이 글에서 엄마가 고민하는 문제는 무엇입니까?

(2) 여러분도 아이의 언어 문제에 대해서 고민을 해 본 적이 있습니까?

(3) 자녀의 이중언어교육에 대한 여러분의 생각을 이야기해 보세요.

읽고 배워 보기

■ 우리 아이들은 엄마의 친척들을 만나는 일에 대해서 어떻게 생각할까요?

201X년 00월 00일, 날씨 맑음

우리 엄마는 베트남 사람이다. 그래서 우리 외할머니와 외할아버지, 친척들 모두 베트남에 계신다. 우리 가족은 다음 방학에 베트남에 있는 친척들을 만나러 베트남에 간다. 엄마와 아빠는 친척들을 만나러 베트남에 가신 적이 있지만, 우리 가족이 모두 함께 가는 것은 이번이 처음이다. 나는 이번에 처음으로 친척들을 만나게 된다.

그래서 나는 요즘 베트남 말을 조금씩 공부하고 있다. 엄마 나라에 가서 외할머니, 외할아버지를 만나면 베트남 말로 인사를 드릴 것이다. 엄마는 내가 베트남 말로 인사를 하면 외할머니와 외할아버지가 참 좋아하실 거라고 하신다. 또, 이모, 삼촌과 사촌 형제들도 만나야 하니까 베트남 말을 더 열심히 공부해야겠다. 그리고 베트남에 가면 사촌 형제들에게 한국말도 가르쳐 줘야지. 베트남에 가는 것이 점점 더 기다려진다.

(1) 이 글의 종류는 무엇입니까?
① 일기　　　　② 메모　　　　③ 편지　　　　④ 안내문

(2) 어떻게 알 수 있습니까? (　　　　　　　)

(3) 이러한 글에는 어떤 내용을 담습니까?

■ 오늘 하루 동안 했던 일 중에 기억에 남는 것이 있습니까? 그 일이 무엇인지, 왜 기억에 남는지, 어떤 생각을 했는지 등을 간단하게 적어 보세요.

기억에 남는 일
*

기억에 남는 이유
*

나의 생각
*

■ 위에 적은 내용을 바탕으로 일기를 써 봅시다.

년   월   일 날씨 :

▶ 말하기 1

■ 다음 대화를 듣고 이야기해 봅시다.

자녀 양육에 관한 의견 차이 조정하기

아빠: 훈민이하고 정음이를 '이중언어교실'에 보냈으면 하는데, 당신 생각은 어때요?

엄마: 이중언어교실? 그게 뭐예요?

아빠: 이중언어교실에서 베트남 말을 가르쳐준대요. 훈민이하고 정음이는 한국 사람이기도 하지만 베트남 사람이기도 하니까 베트남 말을 배우면 좋을 것 같아요.

엄마: 베트남 말을 가르쳐준다고요? 정말 잘 됐네요. 그런데 훈민이하고 정음이는 아직 어린데 잘 배울 수 있을까요? 더군다나 훈민이는 이제 1학년인데 한국말을 더 배워야 하는 거 아니에요?

아빠: 훈민이가 아직 어리기는 하지만 한국말을 잘하니까 괜찮을 거예요. 그리고 어릴 때부터 다른 나라 말을 배우면 늦게 시작한 것보다 훨씬 더 잘할 수 있대요.

엄마: 그렇기는 한데 나는 훈민이하고 정음이가 학교 공부를 잘했으면 좋겠어요. 이중언어를 하면 한국말로 학교 공부를 하는데 방해가 되지는 않을까요?

아빠: 다른 언어를 배운다고 학교 공부에 방해가 되지는 않을 거예요. 그리고 우리 애들이 당신 나라 말도 못한다는 게 말이 돼요?

엄마: 하긴 그건 그렇죠.

아빠: 또 누가 알아요? 나중에 우리 애들이 한국어랑 베트남 말을 통역하게 되어서 두 나라를 위해서 일하게 될지.

엄마: 그러면 정말 좋겠네요.

-기는 하다

▶ 앞의 말의 내용을 인정하지만 이어서 다른 내용, 특히 반대되는 의견을 말하고 싶을 때 사용한다.

- 마음에 들기는 하는데 가격이 좀 비싸네요.
- 거리가 좀 멀기는 하지만 교통이 편리해요.

함께 이야기해 봅시다.

다음의 두 가지 상황을 보고 의견을 조정해 봅시다.

(1) 주말에 아이들과 함께 시간을 보내려고 합니다.

아이들	나
놀이동산에 가고 싶다	학습에 도움이 되는 연극을 보여 주고 싶다

(2) 이사를 가야 합니다.

남편	나
직장에서 가까운 곳으로 가고 싶다	아이들의 교육 환경이 좋은 곳으로 가고 싶다

말하기 2

■ 다음 대화를 듣고 이야기해 봅시다.

다른 나라 말의 의미를 묻기

훈민: 누나, 베트남말로 고맙다는 말 어떻게 하는 거지?

정음: 벌써 잊어버렸어? '깜언' 이잖아.

훈민: 아, 맞다. 그런데 다른 사람이 나한테 그렇게 말하면 그때는 내가 뭐라고 하는 거야?

정음: 어, 그럴 때는……. 잘 모르겠다. 엄마한테 물어보자. 엄마!

엄마: 왜 그러니?

정음: 엄마, '깜언~'이라고 하면 뭐라고 대답하는 거예요?

엄마: 응, 그럴 때는 '콩 꼬지' 라고 말하는 거야.

훈민: 그게 '별말씀을요'라는 뜻이에요?

엄마: 응, 그렇지.

정음: 아, 맞다. 지난 시간에 배웠는데. 엄마, 근데 이거 좀 봐 주세요. 이거는 무슨 뜻이에요?

엄마: 응, 그건 한국말로 '공부하러 가다'라는 뜻이야.

정음: 아, 그러면 이건 '나는 자전거를 타고 공부하러 가요'라는 말이구나. 이제 알겠다.

엄마: 맞아, 우리 정음이는 벌써 베트남어를 잘하는구나. 방학 때 베트남에 가면 사촌들이랑 이야기도 할 수 있겠다.

훈민: 으으으, 나도 지금부터 더 열심히 공부할 거야!

-라는 뜻/의미/말
▶ 들은 말을 그대로 전달할 때 사용한다.

- 너무 화가 나서 "잔소리 좀 그만하세요"라는 말을 해 버렸다.
- 이 표지는 "이곳에서 유턴을 할 수 없다"라는 의미를 전달한다.

함께 이야기해 봅시다.

다른 나라 말로 이야기해 봅시다.

(1) 다음의 표현을 여러분 나라의 말로 바꾸십시오.

감사합니다. / 별말씀을요.	/
그동안 잘 지내셨어요?	
저는 잘 지냅니다.	
미안합니다. / 괜찮습니다.	/

(2) 다음과 같이 말해 보십시오.

우리 아이는 세계 속의 한국인!

▶ 말하기 3

■ 다음 대화를 듣고 이야기해 봅시다.

엄마가 어렸을 때 일을 아이에게 말하기

명랑: 엄마, 이게 무슨 사진이에요?

엄마: 응? 이 사진이 여기 있었네. 이거 엄마가 학교 다닐 때 찍은 사진이야.

명랑: 와, 우리 엄마 예쁘다. 그런데 엄마, 이 자전거는 뭐예요?

엄마: 엄마는 자전거를 타고 학교에 다녔거든. 엄마가 타고 다니던 자전거야.

명랑: 자전거? 우와, 우리 엄마 자전거 잘 탔나 봐요?

엄마: 하하, 그럼 잘 탔지. 이 자전거를 타고 친구들이랑 학교도 가고 놀러 가곤 했었지.

명랑: 자전거를 타고 어디에 놀러 갔어요?

엄마: 응, 학교 근처에 강이 있어서 강가에 주로 놀러 가곤 했어.

명랑: 친구들이랑요? 재미있었어요?

엄마: 그럼, 얼마나 재미있었다고. 너무 재미있어서 시간이 가는 줄도 몰랐지.

명랑: 진짜요? 그럼, 놀다가 집에 늦게 간 적도 있어요?

엄마: 응. 그럴 때면 할머니가 걱정이 되셔서 집 앞에 나와 계시곤 했어.

명랑: 지금 엄마가 저를 기다리는 것처럼요?

엄마: 그래. 할머니 잘 계시는지 모르겠다. 우리 할머니한테 오랜만에 전화해 볼까? 그리고 보니 할머니한테 전화드린 지 오래된 것 같네.

–곤 했다

▶ 과거에 어떤 일이 반복적, 습관적으로 이루어졌음을 말할 때 사용한다.

- 그 사람은 긴장할 때마다 얼굴이 빨개지곤 했다.
- 내가 어렸을 때 아버지는 퇴근하시면서 간식을 사오시곤 했다.

여러분이 고향에서 무엇을 했는지 말해 봅시다.

1) 초등학교 다닐 때 학교가 끝나고 자주 하던 일	
2) 중·고등학교 다닐 때 친하게 지낸 친구와 자주 하던 일	
3) 고향에 있을 때 어머니가 자주 해 주시던 음식	

우리 아이는 앞으로 어떻게 커 갈까?

▶ 이 단원의 학습 목표

1. 아이의 성격과 적성을 파악하여 진로를 선택할 수 있다.
2. 아이의 진로를 결정하는 데에 필요한 정보를 말할 수 있다.

▶ 이 단원의 학습 내용

■ 우리 아이가 앞으로 어떤 사람이 되기를 바랍니까? 아이의 진로를 결
정할 때 중요하게 고려해야 할 점은 무엇입니까?

■ 우리 아이의 성격은 어떻습니까?

진로나 직업을 선택할 때는 성격을 가장 중요하게 고려해야 한다. 성격에 따라 잘할 수 있는 일이 달라지기 때문이다. 아이의 성격과 성격에 맞는 직업군을 알아보기 위해 성격 검사 및 직업 검사도 활용해 볼 수 있다. 이러한 검사를 하지 않더라도 아이의 성격을 파악해 놓으면 아이의 직업과 진로를 결정하는 데 큰 도움이 된다. 성격을 구분하는 기준은 여러 가지가 있을 수 있지만 보통은 다음과 같이 나눈다. 사람은 이러한 성격 유형을 복합적으로 가지고 있다. 예를 들어 한 사람이 외향적, 활동형, 봉사형의 성격을 동시에 가질 수 있다.

외향적	사람들과 어울리는 것을 좋아한다. 말하는 것을 좋아한다.
내향적	말수가 적다. 혼자 있는 시간을 좋아한다.
활동형	몸을 움직이는 일을 좋아하여 야외 활동이나 운동을 즐긴다. 경험을 중요하게 생각한다.
사고형	몸을 움직이기보다는 생각하는 것을 좋아한다. 지식을 중요하게 생각한다.
창조형	새롭고 독창적인 것을 만들고 싶어 한다. 감정이 풍부하고 개성이 강하다.
리더형	다른 사람을 설득하고 이끄는 것을 좋아한다. 주장을 잘하고 경쟁적이다.
봉사형	다른 사람들을 도와주는 것을 좋아한다. 친절하고 희생적이다.
사무형	계획성이 있고 꼼꼼하다. 정확성을 중요하게 생각한다.

(1) 진로나 직업을 선택할 때 성격을 중요하게 고려해야 하는 이유는 무엇입니까?

(2) 생각하는 것을 좋아하고 지식을 중요하게 생각하는 성격 유형은 무엇입니까?
 ① 외향적
 ② 창조형
 ③ 사고형
 ④ 사무형

(3) 봉사형의 성격을 가진 사람은 어떤 특성을 가지고 있습니까?
 ① 경쟁적이다.
 ② 희생적이다.
 ③ 개성이 강하다.
 ④ 운동을 좋아한다.

163

읽고 요약하기

■ 초등학교 아이의 진로교육은 어떻게 해야 할까요?

초등학교 아동은 자신의 성격과 흥미에 대해서 스스로 생각해 볼 수 있는 기회를 가져야 한다. 이러한 기회를 통해서 아동은 자신이 하고 싶은 일이 무엇인지를 깨달을 수 있다.

아이가 특정 분야에 관심을 가지게 되면 그 분야에 대한 기초 지식을 쌓고 간접적인 경험을 할 수 있도록 한다. 책이나 인터넷을 활용하여 아이가 관심을 가지고 있는 직업에 대한 정보를 찾을 수 있다. 또는 교육방송이나 인터넷 사이트에서 제공하는 「직업탐색 프로그램」을 활용할 수도 있다. 아이 스스로 직업 관련 정보를 확인하고 체험해 보면서 특정 직업이 자신의 성격과 흥미에 어울리는 것인지를 생각해 보도록 한다. 이러한 경험이 쌓이면 중, 고등학교에서 본격적으로 진로를 탐색하고 준비하는 데 큰 도움이 된다.

초등학교 아동의 성격, 관심과 흥미 등은 아이가 커 가면서 달라질 수 있기 때문에 한 가지 분야를 고집하기보다는 여러 분야에 대한 관심을 유지하는 것이 바람직하다.

(1) 각 단락의 중심 생각을 담고 있는 부분을 찾아 밑줄을 그어 보세요.

(2) 빈칸을 채워서 요약 글을 완성하세요.

초등학교 아동은 자신의 ________ 과 ________에 대해서 생각해 보는 기회를 가져야 한다. 아이가 특정 분야에 관심을 가지게 되면 그 분야에 대한 __________을 쌓고 __________을 할 수 있도록 한다. 초등학교 아동의 성격, 관심, 흥미는 아이가 커 가면서 달라질 수 있으므로 여러 분야에 대한 __________________이 바람직하다.

자녀가 어떤 사람으로 자라면 좋겠습니까?

> 세상에는 세 가지 종류의 사람이 있다고 한다.
>
> 첫째는 거미와 같은 사람이다. 거미는 자기 자신의 생존만을 위하여 사는 곤충이다. 별로 노력은 하지도 않고 어둡고 습한 곳에 거미줄을 쳐 놓고 그 곳에 걸려드는 곤충을 잡아먹는다. 거미와 같은 사람은 이웃과 사회에 도움이 되지 못한다.
>
> 둘째는 개미와 같은 사람이다. 개미는 성실한 자세로 자신과 가족들을 위해 밤낮 없이 일을 한다. 그러나 개미는 이웃을 위할 줄을 모른다. 자기만을 생각하고 사는 개미와 같은 사람도 역시 이웃과 사회에 별 도움이 되지 못한다.
>
> 셋째는 꿀벌과 같은 사람이다. 꿀벌은 이 꽃 저 꽃으로 분주히 다니면서 꿀통에 꿀을 채운다. 자기 자신도 꿀을 먹지만 꽃들에게 열매를 맺게 하며 사람들에게도 꿀을 공급한다. 이 꿀벌과 같은 사람은 사회에 절대적으로 필요하다.

(1) 꿀벌이 거미나 개미와 다른 점은 무엇입니까?

(2) 거미, 개미, 벌과 같은 사람 중에서 자녀가 어떤 사람이 되기를 원합니까? 왜 그렇게 생각합니까?

우리 아이는 앞으로 어떻게 커 갈까?

▶ 읽고 배워 보기

■ 의사를 결정하는 방법을 생각해 봅시다.

> 무엇을 결정하기 전에는 항상 신중하게 생각해야 합니다. 그리고 결정된 내용을 추진하기 위한 합리적인 계획이 필요합니다. 「의사 결정의 다섯 단계」를 알아봅시다.
>
> **제1단계 :**
> 여러분이 원하는 것, 즉 목표가 무엇인지 분명하게 말합니다. 원하는 것이 무엇인지 상세하게 알아야 문제 해결에 도움이 됩니다.
>
> **제2단계 :**
> 여러분이 원하는 목표를 이룰 수 있는 방법을 찾아봅니다. 이때 하나 이상의 방법을 생각해야 목표를 이룰 수 있는 올바른 해결책을 찾을 수 있습니다.
>
> **제3단계 :**
> 여러 가지 방법 중에서 어떤 대안이 좋은지 고르기 위해서, 대안 평가 기준을 만듭니다.
>
> **제4단계 :**
> 마련된 기준으로 대안을 평가하고 등급을 매깁니다. 높은 점수를 받는 대안을 선택하되 너무 점수가 낮으면 2 단계부터 다시 시작합니다.
>
> **제5단계 :**
> 계획을 세워서 결정한 것을 실행합니다.

(1) 모르는 단어가 있습니까? 표시하고 그 뜻을 알아봅시다.

(2) 각 단계의 제목을 [보기]에서 찾아 쓰십시오.

> 대안 평가 및 결정하기, 기준 확인하기, 계획 수립 및 실행하기
> 대안 탐색하기, 목표 파악하기

■ 다음 이야기를 읽고 어떻게 하면 좋을지 생각해 봅시다. 의사결정 단계에 맞게 할 일을 써 보세요.

> 명랑이는 옷을 정말 좋아합니다. 그래서 나중에 옷을 디자인하는 일을 하고 싶습니다. 그런데 명랑이는 그림을 잘 못 그립니다. 또, 성격이 꼼꼼한 편이 아니라서 옷을 디자인하고 만드는 일을 할 수 있을지 걱정입니다. 명랑이는 어떻게 하면 좋을까요? 꿈을 포기하거나 바꿔야 할까요? 아니면 꿈을 위해서 소질과 능력을 키워야 할까요?

제1 단계: 목표 파악하기

제2 단계: 대안 탐색하기

제3 단계: 기준 확인하기

제4 단계: 대안 평가 및 결정하기

제5 단계: 계획 수립 및 실행하기

▶ 말하기 1

■ 다음 대화를 듣고 이야기해 봅시다.

아이의 적성 파악하기

정음: 엄마, 오늘 학교에서 「직업 적성 검사」를 했어요.

엄마: 그랬구나. 결과는 마음에 들게 나왔니?

정음: 네. 선생님께서 미래 사회는 우주 항공시대가 될 것이기 때문에 우주 비행기 조종사가 되는 것이 좋겠다고 하셨어요.

엄마: 우주 비행기 조종사? 그거 정말 멋진데.

정음: 제 성격이 꼼꼼하기 때문에 기계 조작에 어울린다고 하셨거든요.

엄마: 그래, 맞아. 우리 정음이는 성격이 차분하고 정리를 잘해서 엄마가 늘 칭찬하잖아.

정음: 네. 저는 무엇이든 정리하는 데에 자신이 있어요.

엄마: 아직은 초등학생이니까 앞으로 무엇을 할 건지 확실하게 결정할 수는 없을 거야. 그렇지만 자신의 성격과 장단점을 파악하고 무엇에 자신이 있는지 계속 알아보는 건 아주 중요해.

정음: 네, 계속 고민해 볼게요.

-는 데(에) 자신이 있다/없다
▶어떤 행위를 잘할 수 있거나 없다는 것을 말할 때 사용한다.

- 바다에서 수영을 하는 데에 자신이 있다.
- 다른 건 몰라도 음식을 하는 데에 자신이 있다.

함께 이야기해 봅시다.

우리 아이는 어떤 일을 잘합니까? 아이의 적성을 생각할 때 아이가 어떤 직업을 갖는 것이 좋겠습니까?

우리 아이는 노래를 하는 데에 자신이 있다고 해요. 그래서 가수가 되면 좋을 것 같아요.
우리 아이는 성격이 내성적이고 글짓기를 하는 데에 자신이 있다고 해요. 그래서 작가가 되었으면 좋겠어요.

▶ 말하기 2

■ 다음 대화를 듣고 이야기해 봅시다.

아이의 진로에 대한 엄마의 희망 말하기

훈민 엄마: 명랑 엄마, 어제 신문 기사 봤어요?

명랑 엄마: 아니요, 무슨 기사인데요?

훈민 엄마: 10년 뒤에 유망한 직업에 대한 기사예요.

명랑 엄마: 그래요? 어떤 직업이 유망하다고 해요?

훈민 엄마: 가장 발전 가능성이 큰 직업은 투자·신용 분석가이고, 취업이 잘
될 것 같은 직업으로는 간호사가 선정이 되었어요. 또 가장 안정된
직업은 판·검사와 경찰관이라고 하네요.

명랑 엄마: 10년 후면 우리 아이들이 대학교에서 자기의 전공을 공부할 시기니
까 우리 아이들과 직접적으로 관계가 있을 것 같아요.

훈민 엄마: 우리 아이들이 미래에 유망한 일을 하게 되면 좋을 텐데요.

명랑 엄마: 맞아요. 하지만 무엇보다 자기가 만족할 수 있는 일을 하는 게 중요
하겠지요. 저는 우리 명랑이가 무슨 일을 하든지 자기가 좋아하는
일을 했으면 좋겠어요.

훈민 엄마: 명랑 엄마 말이 맞아요.

-든지
▶어느 것을 선택하거나 그 어느 것을 선택해도 상관이 없음을 나타
낼 때 사용한다.

• 어디에 가든지 항상 가족들을 생각해라.
• 누구를 만나든지 항상 반가운 얼굴로 대해야 한다.

함께 이야기해 봅시다.

직업을 선택할 때에는 무엇을 중요하게 생각해야 합니까? 다음 처럼 이야기해 봅시다.

무슨 일을 하든지 적성에 맞는 일을 해야지요.

  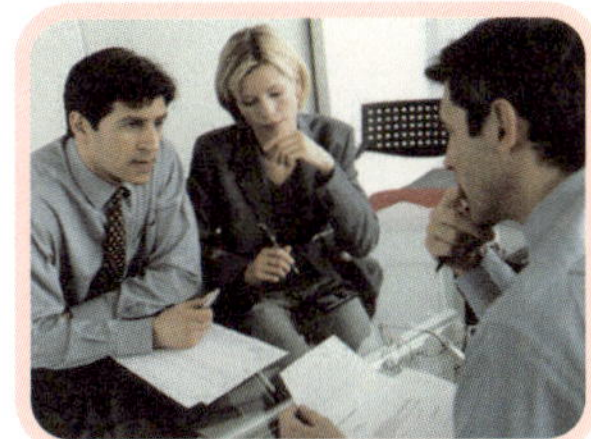

▶ 말하기 3

■ 다음 대화를 듣고 이야기해 봅시다.

아이와 진로에 대해 이야기하기

아빠 : 우리 훈민이는 나중에 뭐가 되고 싶어?

훈민 : 아직 잘 모르겠어요.

엄마 : 응? 저번에는 의사가 되고 싶다고 했잖아.

훈민 : 그때는 그랬는데요…….

아빠 : 그래? 그런데 왜 생각이 바뀌었어?

훈민 : 전에는 의사가 굉장히 멋있다고 생각했는데요. 의사가 되면 하루 종일
　　　병원에 있어야 하잖아요. 전 병원이 정말 싫어요.

엄마 : 하하. 그래? 그런데 전에는 왜 의사가 멋있다고 생각했어?

훈민 : 아픈 사람들을 돕는 일을 하잖아요. 병을 고쳐 주니까요.

아빠 : 그래. 맞아.

엄마 : 훈민아, 그러면 의사 대신에 연구자가 되면 어떨까?

훈민 : 네? 연구자요? 연구하는 사람?

엄마 : 그래. 아픈 사람의 병을 고칠 수 있는 약을 연구하는 사람도 있단다.

아빠 : 그래, 그게 좋겠다.

훈민 : 와, 의사가 아니어도 다른 사람을 도울 수 있는 일이 많구나. 알겠어요.
　　　저는 약을 연구하는 사람이 될 거예요.

-는 대신에, (명사) 대신에
▶ 차선책을 말할 때 사용한다.

• 영화를 보는 대신에 공원에 갑시다.
• 커피 대신에 차를 드세요. 그게 건강에 좋아요.

 **함께 이야기해 봅시다.**

하고 싶은 일이 적성에 맞지 않을 때는 어떻게 해야 할까요? 다음처럼 대안을 말해 봅시다.

뉴스 앵커가 되고 싶은데 다른 사람들 앞에서 말하는 것이 부끄러워요.
➡ 그러면 뉴스 앵커 대신에 신문 기자가 되면 어떨까?

(1) 비행기를 정말 좋아하는데 비행기 조종사가 되기에는 눈이 나빠요.

(2) 경찰이 되고 싶은데 체력이 약해요.

(3) 컴퓨터 프로그래머가 되고 싶은데 수학을 잘 못해서 고민이에요.

우리 아이는 앞으로 어떻게 커 갈까?

1. 아래의 설명을 읽고 빈칸에 알맞은 말을 넣어 단어를 완성 하십시오.

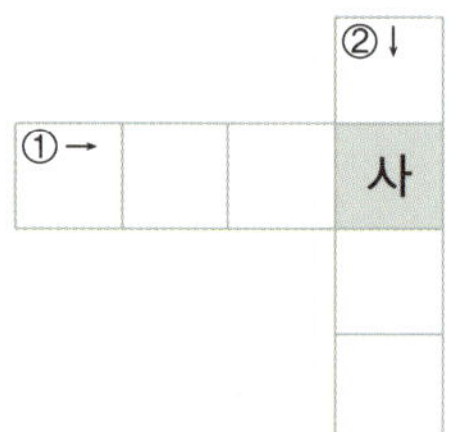

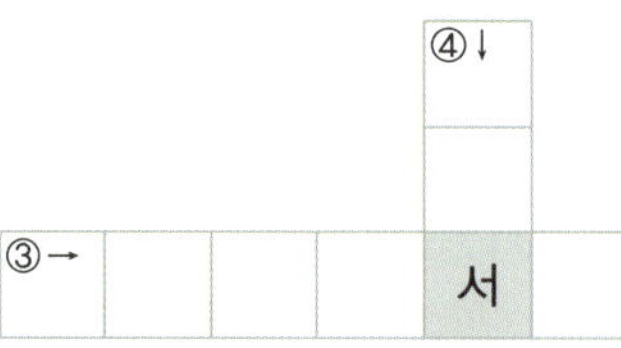

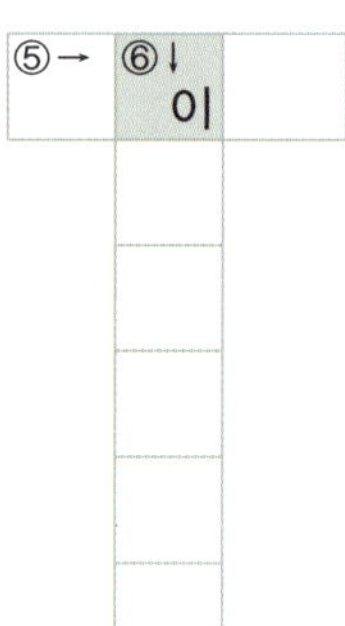

① 아이의 성격이 어떤 유형인지를 알아보기 위한 검사

② 다른 사람을 위해 대가를 받지 않고 하는 활동

③ 여러 나라 말로 쓰인 책을 볼 수 있는 도서관

④ 미술관이나 박물관 등을 관람하고 자신이 보고 들은 것, 느끼고 생각한 것을 적어서 내는 글

⑤ 아이들의 학교생활에 관한 여러 정보를 인터넷에서 볼 수 있는 프로그램

⑥ 아이에게 두 나라 말을 교육하는 것

⑦ 학교의 중요한 운영 사항을 결정하기 위한 위원회, 학교 선생님, 학부모, 지역 인사들로 구성된다.

⑧ 아이들의 교통안전을 위해 일하는 어머니들의 모임

2. <보기>에서 알맞은 말을 골라서 다음 표를 완성하십시오.

직업 검사	녹색어머니회
급식평가단	봉사 활동
도서관 이용	성격 검사
독서도우미	박물관 관람
일일교사	학교운영위원회
직업탐색 프로그램	

학부모의 학교 참여

학교운영위원회

주말과 방학을 알차게 보내기

도서관 이용

아이의 진로 결정하기

성격 검사

3. 다음과 같이 문장을 완성하십시오.

> 가 : 아이가 게임을 너무 좋아해서 걱정이에요.
> 나 : 너무 걱정하지 마세요. 그렇다고 공부를 아예 안 하는 것은 <u>아니잖아요.</u>
>
> (-잖아요)

(1) 가 : 내일까지 수련회 참가 신청서를 내라고 하던데요.
　　나 : 그래요? 내일까지 참가 신청서를 안 내면 ＿＿＿＿＿＿＿＿＿

(-는 건가요?)

(2) 가 : 엄마, 이게 무슨 말이에요?
　　나 : 응, 그건 "이것이 무엇입니까?" ＿＿＿＿＿＿＿＿＿＿.

(-라는 뜻 / 의미 / 말)

(3) 가 : 엄마, 엄마는 옛날에 학교 끝나면 뭐 했어요?
　　나 : 응, 친구들하고 같이 ＿＿＿＿＿＿＿＿＿＿＿＿＿.

(-곤 했다)

(4) 가 : 우리 명랑이는 영화를 보면서 무슨 생각을 했어?
　　나 : 응, 주인공이 정말 ＿＿＿＿＿＿＿＿＿＿＿＿＿.

(-는다고 느끼다 / 생각하다)

(5) 가 : 엄마, 저 잘할 수 있을까요?
　　나 : 그럼, 엄마는 우리 정음이가 ＿＿＿＿＿＿＿＿＿＿＿.

(-을 거라고 생각하다/믿다)

(6) 가 : 정음아, 수련회 재미있었어?
　　나 : 네. 다음에 또 ＿＿＿＿＿＿＿＿ 재미있었어요.

(-을 정도로)

(7) 가 : 훈민 엄마, 무슨 걱정 있어요?
　　나 : 저번에 학교에 가서 보니까 우리 훈민이가 친구들보다 키가
　　　　＿＿＿＿＿＿＿＿＿.

(-더라고요)

(8) 가 : 엄마, 우리 방학에 뭐 할 거예요?
　　나 : 글쎄, 할머니 댁에 ＿＿＿＿＿＿＿＿ 하자.

(-든지)

4. 〈보기〉의 표현을 활용하여 다음처럼 대화를 만들어 보십시오.

명랑: 엄마, 저 훈민이네 집에 놀러 가도 돼요?
엄마: 숙제부터 해야지.
명랑: 엄마, 한 번만요.
엄마: 그럼 지금 훈민이네 집에 가는 대신에 다녀와서 숙제를 꼭 해야 해.

(1) 엄마: 아이 성적이 자꾸 떨어지는데 학원에 보내야 할까 봐요.
　 아빠: 성적이 조금 _________________ 학원에 보낼 정도는 아닌 것
　　　　같은데요.

(2) 훈민: 엄마, 저 오늘 학교에서 공룡에 대해서 배웠어요.
　 엄마: 그래? 우리 훈민이가 공룡한테 관심이 많아서 아주 __________.

(3) 명랑 엄마: 이번에 정음이는 시험 성적이 잘 나왔어요?
　 정음 엄마: 수학 성적은 _________________ 국어 성적이 안 좋아서
　　　　　　걱정이에요.

(4) 엄마: 우리 명랑이는 커서 뭐가 될 거야?
　 명랑: 저는 그림을 _________________으니까 화가가 될 거예요.

(5) 정음: 엄마, 이제 방학이에요. 내일부터 학교에 안 가도 되지요?
　 엄마: 그렇다고 늦잠을 자도 되_________________.

그렇다고 –은/는 것은 아니다	–는 대신에
–기는 하다	–겠구나
–는 데 자신이 있다/없다	–는 데 비해서

학령기 자녀를 둔 결혼이민자를 위한 한국어

1.

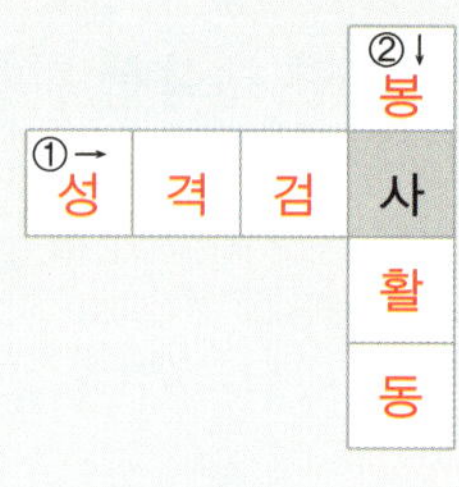

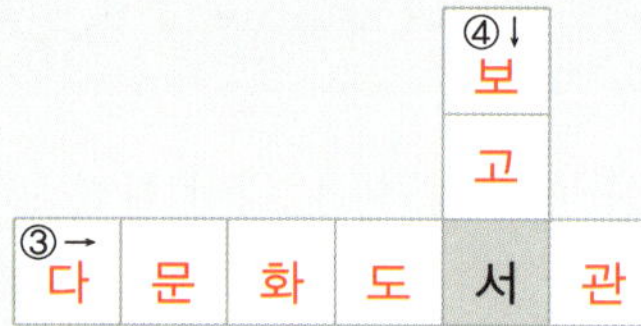

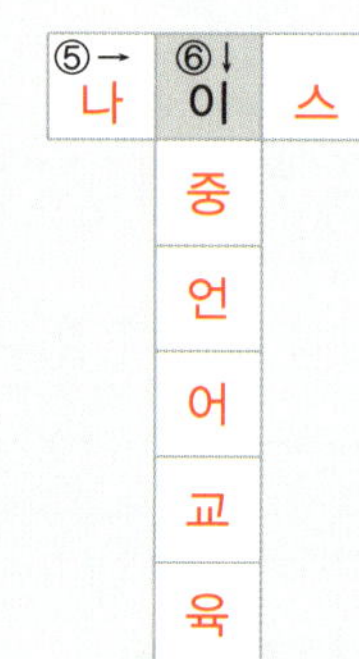

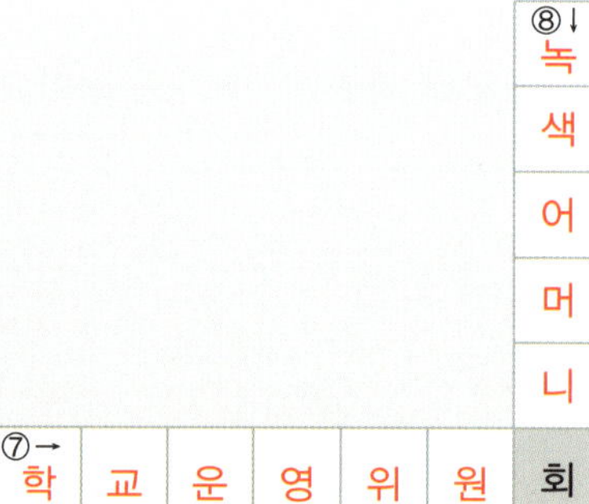

2.

학부모의 학교 참여

- 학교운영위원회
- 녹색어머니회
- 급식평가단
- 독서 도우미
- 일일교사

주말과 방학을 알차게 보내기

- 도서관 이용
- 봉사 활동
- 박물관 관람

아이의 진로 결정하기

- 성격 검사
- 직업 검사
- 직업탐색 프로그램

3. (1) 못 가는 건가요?
   (2) 라는 말 / 뜻 / 의미야
   (3) 놀곤 했어 / 했지
   (4) 멋있다고 느꼈어요 / 생각했어요
   (5) 잘할 거라고 생각해 / 믿어
   (6) 가고 싶을 정도로
   (7) 작더라고요
   (8) 가든지

4. (1) 떨어지기는 했지만
   (2) 재미있었겠구나
   (3) 좋은 데 비해서
   (4) 그리는 데 자신이 있
   (5) 는 건 아니야

# 1과

읽고 대답하기

(1) ③
(2) ④
(3) ②, ④

읽고 요약하기

(1) 아이가 잘 적응할 수 있도록 준비를 하면 된다.
자신의 물건을 스스로 관리할 수 있도록 교과서와 학습장의 바른 사용법, 학용품 취급법 등을 알려 주어야 한다.
기본적인 색깔의 이름, 1에서 9까지의 숫자 개념과 쓰는 방법, 한글 자음과 모음, 교과서에 자주 등장하는 동물의 형태와 특징도 잘 알고 있어야 한다.
크레파스로 가로줄, 세로줄, 사선, 곡선 그리기 등을 연습하게 하고 올바르게 연필을 쥐는 법도 알려 주는 것이 좋다.
(2) ① 학용품 취급법
② 숫자 개념과 쓰는 방법, 교과서에 자주 등장하는 동물들의 형태와 특징
③ 올바르게 연필을 쥐는 법

읽고 생각하기

(1) TV를 끄고 아이와 함께 책 읽기, 아이가 책을 읽는 동안 말을 걸거나 심부름을 시키지 않기, 방학이나 휴일에 아이와 함께 서점에 가기, 책에 대해 함께 이야기하기, 아이가 독서를 한 후에 아이를 칭찬하기

2과

읽고 대답하기

(1) 2

(2) ② 5월　　③ 6월　　④ 7~8월　　⑤ 10월　　⑥ 12월

(3) ③

읽고 요약하기

(1) 아이는 학교에 입학한 후에 친구들과 함께 생활하면서 사회생활의
　　기본이 되는 능력과 자질을 키워가게 됩니다.
　　아이는 친구를 사귀면서 협동심을 배울 수 있습니다.
　　아이들은 서로 어울려 놀면서 선의의 경쟁심을 키울 수 있습니다.

(2) 능력, 협동심, 선의의 경쟁심

읽고 생각하기

(1) 아이의 자립심을 키워 주기 위해서(아이 스스로 자기 일을 해 나갈 수
　　있도록 도와주기 위해서)

읽고 배워보기

(1) 일과표

(2) 기상, 식사

(3) 친구들과 놀기, 숙제, 집안일 돕기, 저녁식사, 복습

학령기 자녀를 둔 결혼이민자를 위한 한국어

3과

읽고 대답하기

(1) ①
(2) ④
(3) ③

읽고 요약하기

(1) 대부분의 초등학교에서 1학년 때에는 점수 위주의 평가를 실시하지 않습니다.
수행평가에는 서술형 평가, 실기평가, 포토폴리오가 있습니다.
아이에 대한 평가 결과는 학기 말, 학년 말 방학식 때 통지표에 기재되어 학부모에게 전달됩니다.
(2) 수행평가, 서술형 평가, 실기평가, 통지표

 4과

읽고 대답하기

(1) ②
(2) ③
(3) ①

읽고 요약하기

(1) 사또는 이방을 자주 괴롭혔습니다.
　사또는 이방에게 산딸기를 구해 오라고 명령을 내렸습니다.
　이방은 걱정해서 병이 났고 이 사실을 안 이방의 아들은 사또를 찾아 갔습니다.
　사또는 자신의 잘못을 깨달았습니다.
(2) 심술궂은, 산딸기, 병이 나고 말았습니다, 깨달

읽고 생각하기

(1) 조금씩이라도 매일 책을 읽게 한다.
　책을 읽고 이야기의 줄거리, 느낀 점, 자기 생각을 이야기하게 한다.
　아이들을 위한 국어사전을 보면서 단어의 정확한 의미와 발음, 사용법을 익히게 한다.

쓰기

(1) 느낌　　　(2) 느낌　　　(3) 비슷한　　　(4) 까닭
(5) 실감 나요　(6) 낭송　　　(7) 포함　　　(8) 의견
(9) 상상　　　(10) 몸짓　　　(11) 길이　　　(12) 알아들어요
(13) 잘 드러나

말하기 2

(1) 옛날에 바다에 사는 용왕님이 나쁜 병에 걸렸습니다. 이 병이 낫기 위해서는 토끼의 간이 필요했습니다. 용왕님의 충실한 신하 중에서 용감한 거북이가 토끼를 잡기 위해 육지로 나왔습니다. 거북이는 토끼에게 좋은 곳을 구경시켜 준다고 거짓말을 하고 용궁으로 데리고 왔습니다. 토끼는 자신이 죽게 된다는 것을 알고 꾀를 내었습니다. 토끼의 간은 소중해서 집에다 놓고 왔기 때문에 육지로 가서 가져와야 한다고 했습니다. 거북이는 토끼와 함께 토끼의 간을 가지고 오기 위해 육지로 나왔고 토끼는 육지에 닿자마자 멀리 도망가 버렸습니다.

5과

읽고 대답하기

(1) ④
(2) ②
(3) ①

읽고 요약하기

(1) 초등학교 사회 과목에서 공부하는 것은 국가, 지역사회, 학교, 가정의 구성원으로서 아이들이 지켜야 할 기본예절과 도덕, 규칙입니다.
국가와 지역 사회 관련 부분에서는 한국 사회의 특성과 시민의 역할을 배웁니다.
생활 관련부분에서는 일상생활의 도덕, 규칙, 예절을 배웁니다.
(2) 구성원, 규칙, 특성, 생활

읽고 생각하기

(1) 사회 과목은 일상생활에 밀접하게 관련이 되어 있으므로 사회 과목에서 다루는 주제에 대해서 아이들과 이야기를 자주 나눈다.
아이 스스로 올바른 행동을 결정하고 실천하는 능력을 갖출 수 있게 한다.

쓰기

(1) 노력   (2) 실천   (3) 익혔다   (4) 되돌아
(5) 전통   (6) 아낀다   (7) 보존   (8) 소중히
(9) 다진다   (10) 통일   (11) 지닌   (12) 빛내
(13) 다짐했다

6과

읽고 대답하기

(1) ③
(2) ③
(3) ①

읽고 요약하기

(1) 과학 과목은 1, 2학년과 3학년 이후의 내용이 조금 다릅니다.
과학 과목은 크게 물리, 화학, 생물, 지구과학의 네 부분으로 나뉩니다.
과학 과목은 물질, 자연, 우주에 관한 지식을 습득하고 이러한 지식을 활용하여 물리, 자연현상을 과학적으로 이해하고 탐구하는 능력을 키우는 것을 목표로 합니다.
(2) 내용, 생물, 지구과학, 우주, 과학적

읽고 생각하기

(1) 초등학교 저학년에서부터 아이가 과목의 주요 내용을 잘 이해하고 활용할 수 있는지를 꾸준히 확인하는 것
(2) 눈에 보이지 않는 현상을 마치 눈에 보여주는 것처럼 보여주는 책이나 인터넷, 방송 프로그램을 이용한다.
일상에서 관찰할 수 있는 여러 자연 현상들에 호기심을 가질 수 있도록 관련된 이야기를 많이 나눈다.

쓰기

(1) 세로   (2) 도형   (3) 어림해   (4) 합
(5) 이으면   (6) 낱개   (7) 거꾸로   (8) 검색해서
(9) 여쭙습니다   (10) 모둠   (11) 뽑았다   (12) 행사
(13) 보람찬

말하기 1

(1) 3자루를 빌려주었더니 2자루가 남았어요.
(2) 1개를 500원, 빵 1개를 400원에 샀더니 1400원이 들었어요.

7과

읽고 대답하기

(1) ⑤
(2) ②
(3) 아이들이 좋아하는 노래, 만화, 연극 등을 통해 즐겁고 재미있게
학습을 하기 때문에

읽고 요약하기

(1) 예체능은 음악, 미술, 체육 과목을 말합니다.
즐거운 생활은 놀이와 표현을 중심으로 구성되어 있습니다.
고학년이 되면 음악, 미술, 체육 교과의 지식적인 측면도 함께 공
부합니다.
예체능 교과의 주요 목표는 지식학습과 체험 활동을 통해서 아이
들의 창의력을 기르는 것입니다.
(2) 미술, 놀이, 지식적, 창의력

읽고 생각하기

(1) 아이의 표현이 서투르고 어색하여도 부모가 대신해 주면 안 된다.
아이들의 느낌, 생각, 표현을 있는 그대로 인정해 준다. 모르는 것
을 그냥 넘기거나 피하지 말고 아이와 함께 공부한다.

쓰기

(1) 리듬악기　　(2) 노랫말　　(3) 인상 깊은　　(4) 떠오른다
(5) 흥겹다　　(6) 장단　　(7) 장면　　(8) 민속놀이
(9) 재료　　(10) 가락　　(11) 배경　　(12) 합주한다
(13) 전래동요

8과

읽고 대답하기

(1) ②
(2) ③
(3) ④

읽고 요약하기

(1) 나이스(NEIS)는 교육 정보를 공동으로 이용하기 위해 인터넷으로 제공되는 교육 행정 정보 시스템이다.
(2) ① 학교정보, 학생 정보
　② 인터넷, 상담(또는 의견 교환)

읽고 생각하기

(1) 아이의 담임선생님을 만나서 아이의 학교생활에 대해서 상담하는 기간(또는 이야기를 하는 기간)

읽고 배워 보기

(1) 형제, 자매, 삼촌, 외삼촌, 고모, 이모가 결혼했을 때
　부모, 조부모가 회갑을 맞았을 때
　부모나 조부모, 부모의 조부모, 외조부모가 사망했을 때
　부모의 형제자매 및 그의 배우자, 조부모/외조부모의 형제자매가 사망했을 때
(2) 7일 이상 학교에 가지 않는 것
(3) 3회

9과

읽고 대답하기

(1) 학교운영위원회 구성
(2) ③
(3) ②

읽고 요약하기

(1) ㉠ 녹색 어머니회, 녹색어머니회는 어린이들의 교통안전을 지키기
위해 활동을 합니다.
㉡ 급식 평가단, 급식 평가단은 학교에서 자체적으로 급식실을 운
영하는 경우 급식의 영양 및 위생 상태를 평가합니다.
㉢ 독서도우미, 어머니들은 아이들에게 필요한 책을 결정하여 구
입하기도 하고 아이들의 독서를 지도하는 일도 합니다.
(2) 녹색어머니회, 급식평가단, 아이들의 교통 안전, 위생, 독서

읽고 생각하기

(1) 학교가 아이에게 미치는 영향이 크므로, 학부모와 학교 사이의 신
뢰를 쌓기 위해서

읽고 배워 보기

(1) 밥그릇을 입가에 대고 젓가락으로 밥을 입 안으로 밀어 넣는다.
(2) 국을 먹을 때만 쓴다.
(3) 밥 그릇 위에

10과

읽고 대답하기

(1) 한국, 영미(영국과 미국), 중국, 베트남, 인도네시아, 필리핀
(2) 18시까지(오후 6시까지)
(3) 경기도 거주 외국인, 안산 시민(내국인)
(4) 도서관 회원으로 가입을 해야 합니다.
(5) 2주 후

읽고 요약하기

(1) 국립 춘천 박물관은 주변 경치가 아름답기로 유명하다.
　　국립 춘천 박물관은 강원도민들의 지역사회에 대한 관심과 애정이 느껴지는 곳이다.
　　박물관은 구석기 시대부터 현대까지 강원도의 특색을 잘 보여주는 유물을 전시하고 있다.
(2) 주변 경치가 아름답, 물질적, 정신적, 강원도

읽고 배워 보기

(1) 보고서
(2) 작성자, 날짜, 장소, 제목, 자신의 경험과 생각, 느낌

11과

읽고 대답하기

(1) 다문화가족지원센터 이중언어교실
(2) 다문화도서관
(3) 서울 동대문구 이문2동
(4) 인터넷 검색창에 '다문화 도서관' 이라고 입력하여 관련된 정보를 찾습니다.

읽고 요약하기

(1) 아이들은 놀면서 배운다. 놀면서 보고, 듣고, 만지는 모든 일이 아이들에게는 학습이 된다. 아이들에게 외국어를 가르치는 것도 이러한 원리를 활용해야 한다.
엄마가 어렸을 때 불렀던 노래를 아이에게 들려주는 것도 좋은 방법이다.
아이의 시선을 붙잡을 수 있는 그림책을 활용할 수도 있다.
(2) 놀이를 하, 노래, 그림책

읽고 배워 보기

(1) ①, 날짜와 날씨를 보고 알 수 있다.
(2) 자신의 경험과 느낌
(3) 하루 동안 있었던 일, 그 일에 대한 자신의 생각과 느낌

 ## 12과

읽고 대답하기

(1) 성격에 따라 잘할 수 있는 일이 달라지기 때문에
(2) ③
(3) ②

읽고 요약하기

(1) 초등학교 아동은 자신의 성격과 흥미에 대해서 스스로 생각해 볼 수 있는 기회를 가져야 한다.
아이가 특정 분야에 관심을 가지게 되면 그 분야에 대한 기초 지식을 쌓고 간접적인 경험을 할 수 있도록 한다.
초등학교 아동의 성격, 관심과 흥미 등은 아이가 커 가면서 달라질 수 있기 때문에 한 가지 분야를 고집하기보다는 여러 분야에 대한 관심을 유지하는 것이 바람직하다.
(2) 성격, 흥미, 기초 지식, 간접적인 경험, 관심을 유지하는 것

읽고 생각하기

(1) 자신뿐만이 아니라 다른 사람에게도 도움이 되므로 사회에 절대적으로 필요한 존재이다.

읽고 배워 보기

(2) 목표 파악하기, 대안 탐색하기, 기준 확인하기, 대안 평가 및 결정하기, 계획 수립 및 실행하기

부록

직업 및 자격증 정보 관련 사이트

청소년워크넷	• http://youth.work.go.kr/
커리어넷	• http://careernet.re.kr/
직업정보시스템	• http://know.work.go.kr/
워크넷	• http://www.work.go.kr/
큐넷	• http://www.q-net.or.kr/

초,중,고등학교, 대학교 기본정보 사이트

교육인적자원 통계서비스	• http://youth.work.go.kr/
한국대학교육협의회 고등교육 통계시스템	• http://stat.kcue.or.kr/

내 자녀 이해를 돕기 위한 참고 사이트

한국청소년정책연구원	• http://www.nypi.re.kr/
한국청소년상담원	• http://www.kyci.or.kr/
한국상담개발원	• http://www.kcdi.co.kr/
에듀사이버	• http://www.educyber.org/
청소년건강형태조사	• http://healthy1318.cdc.go.kr/
대한소아청소년정신의학회	• http://www.kacap.or.kr/
대한생활체육협의회	• http://www.sportal.or.kr/
서울특별시청소년상담지원센터	• http://www.teen1318.or.kr/
한국청소년상담원	• http://www.kyci.or.kr/
한국청소년상담개발원	• http://www.kcdi.co.kr/
청소년폭력예방재단	• http://www.jikim.net/
중앙아동학대예방센터	• http://korea1391.org/

저자약력

박주영   가톨릭대학교 대학원 한국어교육학과 박사과정
가톨릭대학교 대학원 한국어교육학과 석사

법무부 사회통합프로그램 기본소양평가 구술시험관
한성대학교 언어교육원 한국어과정 강사
다문화사회전문가(2급)
전) 고양시 흰돌종합사회복지관 한국어교실 한국어강사
　　 구로구 건강가족지원센터 한국어강사

정미진   가톨릭대학교 대학원 한국어교육학과 박사과정
가톨릭대학교 대학원 한국어교육학과 석사

법무부 사회통합프로그램 기본소양평가 구술시험관
한국국제교류재단 자원봉사망 한국어교실 강사
고양시 흰돌종합사회복지관 한국어 통번역 훈련 강사
부천시−가톨릭대학교 다문화교육 프로그램 강사(실장)

조형일   서울대학교 사범대학 대학원 한국어교육학 박사
서울대학교 인문대학 대학원 언어학 석사

가톨릭대학교 인문학부 국어국문학전공 교육전담초빙교수
디지털서울문화예술대학교 외래교수
전) 서울대, 청주교대, 호서대 강사
　　 이탈리아 베니스 Ca'Foscari 대학 교수
　　 서울대 언어교육원 한국어교육센터 강사
　　 서울대 지도자 과정 실장 등 역임.

Korean Fundamental Vocabulary(2005)
옛말활용사전(2005)
행복한 한국어1(2007)
읽으면서 배우는 한국어연습(2011)
한국어의 외국어 · 외래어 표현 3300(2012)

학령기 자녀를 둔
결혼이민자를 위한 한국어
ⓒ 박주영·정미진·조형일

초판 1쇄 발행 2012년 2월 15일
초판 2쇄 발행 2013년 3월 25일

지 은 이 박주영·정미진·조형일
펴 낸 이 이대현
펴 낸 곳 도서출판 역락

편집기획 이홍주
진　　행 이태곤
책임편집 안혜진
편　　집 권분옥 이소희 박선주 임애정
마 케 팅 박태훈 안현진 이상만
관　　리 이덕성

주　　소 서울시 서초구 반포4동 577-25 문창빌딩 2층(137-807)
전　　화 02-3409-2055(대표), 2058(영업), 2060(편집)
팩　　스 02-3409-2059
전자메일 youkrack@hanmail.net
등록번호 제303-2002-000014호(1999. 4. 19)

값 12,000원
ISBN 978-89-5556-956-8-93700